Gender Issues in Sociology of Education

新版
教育社会とジェンダー

河野　銀子
藤田由美子 【編著】

学文社

はじめに

　本書は，教員養成系の学部や教職課程の「教育社会学」などの授業で活用することを想定して2014年に刊行した『教育社会とジェンダー』の新版である。
　社会変化が激しい近年，教育をめぐる環境も大きく変わっている。とりわけ，教育政策については，急速に変化しつつあるばかりでなく，その方向性も大きく転換しており，「第三の教育改革」ともいわれる。学制が整えられた明治維新，戦後の新教育制度の開始に次ぐ大改革という意味である。さらに2000年頃以降に進行している経済のグローバル化や教育分野へのNPM（ニュー・パブリック・マネージメント）の導入等，学校教育が置かれている文脈が大きく変わり，教員養成制度や教員の育成のあり方も抜本的な見直しが進められてきた。前書が出版される前の2013年までの4年間に中央教育審議会初等中等教育分科会教員養成部会は10回開催されたが，2014年から2017年夏までの間の開催回数はその3倍の30回に上る。変化の激しさを物語っている。新版では，できるだけこのような変化を取り込むことにした。
　ジェンダーをめぐる状況もまた，大きく変化している。男女雇用機会均等法の施行から30年以上が過ぎ，男女共同参画社会基本法の成立から20年を目前とする現在，一見すると男女平等が進み，ジェンダーに対する理解も深まったように思われる。しかし，「性別役割分業」にとらわれず，男女ともにワークライフバランスがとれた働き方や生き方がめざされているのに，実態は乖離しており，教員も例外ではない。また，そもそも，性別は「女/男」と二分してとらえられるものではないという認識も広まりつつある。前書の出版時にはあまり知られていなかったLGBTということばも多くの人が知るようになったし，学生の間には"セクマイ（セクシャル・マイノリティ）"サークルができ，大学によってはその活動を支援している。こうした社会変化に教育はどう対応し，教師の社会的役割はどうなっていくのか。

i

本書は，上述した変化を踏まえつつ，前著同様，日本の教員養成カリキュラムにおけるジェンダー視点の欠如を補い，「性別特性論」に陥らずに，子どもたち一人ひとりを受け入れ，支え，育む教員として必要な知識や考え方を提供することを主眼に編集したものである。これからの社会を担う子どもたちと日々向き合う教師の影響は大きいため，大学の授業のテキストとして使用できる形で編集しているが，このような視点はすべての人々に求められる。現職教員はもちろん，人間や社会，性別や教育に関する理解を深めたいすべての方々にとっても有益な内容となっている。ただし，本書は教育改革や社会変化に対応するためのハウツー本ではない。われわれ執筆者が期待しているのは，本書が，教育や社会の現状や変化を客観的に見る目を鍛え，その本質を考え抜いたり，背景を見抜く冷静な態度を身につけたりする機会となることである。それは，時には自分が信じてきた価値を懐疑的に見直すことになったり，親や教師に言われてきた常識が覆されたりすることにもなるかもしれない。しかし，複雑で多様で不確かな教育の現実に向き合うには，自分自身の経験や視点に固執せず，それらを相対化することも重要である。そうして視野や思考を広げることは，新たな自分と出会える機会となるはずだ。

　今の大学生が教職に就く頃，先にみたさまざまな変化への対応が学校現場で求められるだろう。そういう意味で，新版の刊行は時宜にかなったものと思われる。本書で得た視点や考え方が多様な背景をもつ人々が共生していける社会をつくるための教育の一助となれば幸いである。

2018年2月

執筆者を代表して　　河野　銀子

　追記）本書は増刷の際に適宜データの更新を行っています。第5刷においても，最小限ではありますが，各統計データを更新しました。（2023年10月）

目　次

はじめに　i

序　章..1
　1．「私」は誰？「女」か「男」か？　1
　2．教員養成課程のなかの教育社会学　3
　3．教育社会学でジェンダーを学ぶ意義　5
　　　コラム　大学における教員養成と教育社会学　9

第1部 ● 子ども世界とジェンダー

1章　幼児期..12
　はじめに　12
　1．幼児期とジェンダー　12
　2．幼児教育・保育とジェンダー　16
　3．「ジェンダー化」された子どもたちの園生活——幼稚園・保育園調査より　18
　おわりに——ジェンダーに敏感な保育をめざして　23

2章　メディア..25
　はじめに　25
　1．「男のキティちゃん」？　25
　2．メディアは世界を公平に描いているか　26
　3．メディアのなかのジェンダー　28
　4．子どもはメディアに影響されるのか　33
　おわりに——メディアに描かれる性の多様性をめぐって　35

3章　性的指向と性自認……………………………………………………38
　はじめに　38
　1．多様な性：性の4要素　38
　2．子どもの困難・学校での困難：からかい・いじめ・不登校・自殺　41
　3．LGBTをめぐる動向と教育　44
　4．一人ひとりの個性・性を大切にする学校・そして社会へ　46
　おわりに　47
　　　コラム　制服の洋装化　50

第2部　学校教育とジェンダー

4章　カリキュラム……………………………………………………………52
　はじめに　52
　1．カリキュラム　53
　2．学校教育の3つの次元　56
　3．今後に向けて　64

5章　教材解釈…………………………………………………………………67
　はじめに　67
　1．教科書とは何か　68
　2．教科書の改善をめぐる国内外の動向　69
　3．教材とジェンダー——男らしさ・女らしさ——　72
　4．教材解釈とジェンダー——レオ・レオニ原作『スイミー』から——　74
　おわりに　77

6章　部活動……………………………………………………………………80
　はじめに　80
　1．部活動の現在　80
　2．部活動とジェンダー　83
　3．吹奏楽部の事例　87
　4．ジェンダーの視点から部活動の見直しを　90

目次

7章　スポーツ……93
はじめに　93
1．スポーツを通しての身体形成　93
2．スポーツと身体形成におけるジェンダー理論　95
3．メディアのなかのスポーツとジェンダー
　　―高校野球マンガの女性指導者―　97
4．ジェンダー秩序の変容可能性　102
　　コラム　特別支援教育とジェンダー　106

第3部　進路選択とジェンダー

8章　進路選択……108
はじめに　108
1．進学率とジェンダー　108
2．進路選択にみるジェンダー・ギャップ　110
3．高校卒業後の進路におけるジェンダー・ギャップ　113
4．高等教育における質的ジェンダー・ギャップ
　　―女子の短期高等教育機関進学の背景―　115
5．今後の課題　117

9章　文理選択……122
はじめに　122
1．進学先の実態　122
2．理科の学力と理科への関心　125
3．高校における「文理選択」　130
おわりに　136

10章　大学入試……140
はじめに　140
1．学部選択と男女の受験行動　141
2．受験教科や実施方法による受験行動とジェンダー　146

3．女性の理工学系選択に向けた高大接続と課題　150
おわりに——これからの科学のあり方：
　　ジェンダード・イノベーション（Gendered Innovations）に向けて　155
　　コラム　教材のポリティクス　158

第4部 ● 教員世界とジェンダー

11章　教員世界 ……………………………………………………………160
　はじめに　160
　1．教員世界の実態　160
　2．教育政策とジェンダー政策　166
　3．ジェンダー平等な教員世界に向けて　171

12章　養護教諭 ……………………………………………………………174
　はじめに　174
　1．養護教諭という存在　174
　2．学校の「お母さん」？　177
　3．周辺部からの照射　180

13章　教師文化 ……………………………………………………………184
　はじめに　184
　1．教師文化に着目する意義　184
　2．男女平等教育を取り巻く状況　185
　3．教師文化とジェンダーの課題　188
　おわりに　195

キーワード索引　197

序章

1．「私」は誰？「女」か「男」か？

　「私は〜〜です」という文章をできるだけ多く作ってみよう。
　大学の授業や自治体の講座を，このような作業から始めることがある。「大学生です」「母親です」などの社会や家族の中の位置が書かれたり，「肉が好きです」「サッカークラブの一員です」といった嗜好や趣味などが書かれたりするのと並んで，「女性です/男性です」という性別にかかる記述がなされることが多い。このことから，性別には女性と男性の二つがあり，自分はそのどちらかに属しているという認識方法が広く浸透していることがうかがわれる。1章でもみるように，自身の性別に関する認識は幼児期には形成されるというし，あなたやあなたの周りの多くの知り合いの両親は女性と男性かもしれない。
　では，性別は二つ（性の二分法）で，人はそのどちらかに分類されるという認識は，子どもでもわかる「常識」なのだろうか。また，恋愛関係や性的指向，婚姻関係等の営為が，二つの性別の異なる性別間でなされるのは「自然」なことなのだろうか。実はそうではない。近年の科学や学問は，性別は単純に女性/男性と分けられるようなものではないこと，ある時期から異性愛が唯一正しいとする見方が普及したこと，などを明らかにしてきた。今では，専門家に限らず，こうした見方が知られるようになっている。性の二分法や異性愛至上主義は人々の多様な価値や生き方を制限することがあるために人権上も問題があると認識され，当事者に差別的処遇を与えかねない既存の制度や慣習の見直しが進められている（3章参照）。
　日本のこうした動向は国際的な流れから見れば出遅れているものの，2020年

に開催される東京オリンピックに向けて急速に対応せざるを得ない事情もある。オリンピック憲章[1]には「人種，肌の色，性別，性的指向，言語，宗教」等の理由によるいかなる種類の差別も受けることがないとの基本原則があり，開催国はその準備段階から調達するすべての工程において，この原則を遵守する必要がある[2]。会場の施工や大会中の食品の提供などの広範囲に及ぶため，これまで性的指向に疎かった企業や行政も本格的な取り組みを始めている。

　これまで，日本国内では，法務省が多様な性的指向や性同一性障害の人たち（2022年から「性的マイノリティ」に表記変更）に対する偏見や差別をなくす啓発活動[3]を行ってきたし，中央省庁でも研修[4]が行われている。

　このように，性別のとらえ方が多様化している背景には，国際的な事情や人々の意識の変化だけでなく，生物学的性別に関する発見や研究展開が関わっている。たとえば，人間の性分化過程において「典型」に該当しないケースがあることが発見され，それが出現する背景や出現率等は研究中である[5]といった情報が，医学分野から発せられている。大学においても，インターセックスや性のグラデーションを扱う授業がなされたり[6]，多様な性の在り方とそれらの人々に対する支援を探るシンポジウムが開催されたりするなど[7]，21世紀に入って，性別の在り方の多様性が伝えられるようになっている。

　教育は，こうした社会状況の中で行われている。しかも次世代の世界市民を育成する観点からすれば，学校教育の場はより早くこうした状況に対応しなければならない。文部科学省は，2010年に性同一性障害の子どもに対する配慮を求める通達を出し，2014年には実態調査を行った。さらに，2016年には教職員向けハンドブック『性同一性障害や性的指向・性自認に係る，児童生徒に対するきめ細かな対応等の実施について』[8]を公表した。自治体によっては，その地域の事情に即したパンフレットや実践例を紹介するようになっている。

　以上でみてきたような社会変化は，これから教員になるために何が必要かを考えさせてくれる。あなた自身が性の二分法や異性愛主義の価値を志向することにはなんら問題はないが，事実はもっと多様であることを知る必要がある。たとえば，アンケートなどで性別を答えるのが辛い児童生徒があなたのクラス

にいるかもしれないし，自分の子どもが同性愛に悩む可能性もあるのだから。
　このように性・性別に関する多様な価値を認めようとする活発な動きの中で，性別に基づくステレオタイプに苦しむ児童生徒や教員の存在が見えにくくなっている。教育の場は男女平等であり，男女差別があったとしても過去の話だと思われがちだ。しかし，女子にふさわしい進路があるとか，男性教員は育児休業を取らない方がよいなど，性別二分法に即した考え方は今でもあり，生徒や教員の多様な進路選択や働き方を制限することになっている。実は新たな動向も，個々の児童生徒や教員の多様なあり方を認めようとする点で，長らく問題とされながらも未解決のジェンダー問題と価値を共有している。これらのことを踏まえ，大学での学びや教師になるための学びについて，とくに，教員養成カリキュラムにおいて，「教育社会学」と「ジェンダー」を学ぶ意味に注目して考えてみよう。

2．教員養成課程のなかの教育社会学

　本節では，国立大学の教員養成課程や各大学の教職課程における，教育社会学という科目の位置づけを理解したうえで，先の問いについて考えていこう。
　教員養成のカリキュラム（教育課程）の基準は，教育職員免許法に明記されている。教育職員免許法（以下，「免許法」とする）とは，1949（昭和24）年に制定された，「教育職員の免許に関する基準を定め，教育職員の資質の保持と向上を図ることを目的とする」（第1条）法律であり，①免許状主義（同法第3条），②大学等における教員養成（同法第5条），を原則とする。
　教諭（幼稚園，小学校，中学校，高等学校）の普通免許状を取得するためには，現在は「教科に関する科目」，「教職に関する科目」，そして両者から自由に選択できる「教科又は教職に関する科目」について，所定の最低単位数以上を修得することが求められている[9]。それぞれの最低単位数は，取得しようとする免許状の種類によって異なる[10]。
　その「教職に関する科目」は，①教職の意義等に関する科目，②教育の基礎

理論に関する科目，③教育課程及び指導法に関する科目，④生徒指導，教育相談及び進路指導等に関する科目，⑤教育実習，⑥教職実践演習，より構成される。教育社会学は，②を構成する3つの事項のひとつ，「教育に関する社会的，制度的又は経営的事項」として位置づけられている。

　以上からわかるように，教員養成カリキュラムにおける教育社会学という科目は，教職の意義や教育課程・指導法や生徒指導のように教職の仕事に直接的に関係する部分を扱っていない。さらに，2019年度開設の教職課程の再課程認定に際して各大学に対応が求められる「教職課程コアカリキュラム」においては，より実践志向が強まっている。たとえば，教育社会学が該当する「教育に関する社会的，制度的又は経営的事項（学校と地域との連携及び学校安全への対応を含む）」については，教育政策・教育改革の動向や指導上の課題を扱うことが求められている。そのため，教育現場の現状を記述し分析することを志向する教育社会学の存在意義があいまいになりつつある。

　しかし，教育社会学は，教員をめざそうとするあなたにとっても，教育について考えようとするあなたにとっても，有意義な学問であると，われわれは考える。教育社会学は，いかにして社会が人間をつくるか（人間形成），いかにして人間が社会をつくるかについて理解することをめざす。そして，人間形成にとって教育は欠かせないものであるとともに，人間の社会的営みが教育のあり方を規定する。教育をめぐるさまざまな課題について，社会とのかかわりで考察する力をつけることは，教育をよりよくすることに寄与するだろう。こうした力は社会を構成するあらゆる人に必要であるが，とりわけ，教員にとっての重要性は高い。これが，教育社会学を学ぶ意義である。

　たとえば，あなたが教員になったとして，目の前で起こる教育問題──たとえば，日本語が母語でない児童や給食費が払えない子どもの存在，特定の子どもが学級や学校で身体的・心理的暴力をふるわれていること，など──に遭遇した時，あなたはその問題の当事者のことを考えて対応することを求められる。その際に，当事者の個人的事情を把握してサポートしようとするかもしれない。こうした対応は確かに重要だが，個人的な問題の解消にとどまり，同種の問題

や類似の問題が起こることを防げないかもしれない。問題の根本的解決や再発防止につなげるには，少なくとも，かれらの社会的背景，さらにはその問題が生まれた（あるいは「社会問題」となった）背景について，とらえる必要がある。

昨今，日本でも，多様性とその包摂が社会や教育の課題となりつつある。学校教育の場でも，格差のひずみや子どもの貧困化などの社会問題が顕在化し始め，また，これまで見えにくい存在であったエスニック・マイノリティやセクシュアル・マイノリティ等の子どもたちに対する教育や支援のあり方の議論も必要となっている。また，障がいのある子どもたちと共生する力の育成も課題となりつつある。教育社会学は，こうした諸問題に向き合うことを志向する学問であるが，その際，ジェンダーの視点や思考が有効である。

3．教育社会学でジェンダーを学ぶ意義

では，いったい，ジェンダーの視点や思考とは何であろうか。

ジェンダーとは，一般に「社会的・文化的性」とされる。しかしそれは，社会や文化によって規定される「女らしさ・男らしさ」に限定されず，身体も含む「女」と「男」のありようが，社会・文化・歴史とのかかわりで構成されていることを包括する概念である。ジェンダー概念が生まれた背景については，第1章で解説しているので，そちらを参照していただくこととし，ここでは，現在の人文・社会科学の諸学問において，ジェンダーというキーワードが，社会や文化を分析・考察するための基本的なリテラシー[11]のひとつとなっていることを押さえておきたい。

第二次世界大戦後に興った日本の教育社会学[12]研究において，教育における「性差」の問題が注目されたのは，1960年代のことである。その後，1970年代には，「第二波フェミニズム」[13]のインパクトを受け（森　1992），「女性と教育」研究が行われるようになった。1980年代後半以降，制度上は男女の教育機会が均等になっているにもかかわらず，「結果の不平等」が生じた背景をさぐる必要から，社会的・文化的につくられる性への注目が提唱された（天野

1988)。

　以来,「ジェンダーと教育」研究と呼ばれるようになった諸研究は, 1990年代以降, 教育社会学の分野で着実に蓄積されてきた。その研究視点も, ジェンダー論の文脈での「男性」への注目, 社会化論の再検討,「女性」対「男性」の構図の再検討（中西・堀　1997）, など多様となった。とりわけ, 21世紀に入ってからは,「フェミニストポスト構造主義」「セクシュアリティ」の視点の導入の試みが行われている[14]。

　上記のように, 日本の教育社会学において, ジェンダー研究は, ジェンダーの主流化がみられる欧米と比べると, 理論的動向への関心や理論構築志向が弱く, ジェンダーと絡み合う広範な性現象にアプローチする研究が少ない傾向がみられるものの（多賀・天童　2013）, 着実に根づきつつある。教育が未来を拓く子どもたちへの関与であることに鑑みれば, 変化する社会とパラレルに生成される教育社会学の知やジェンダーの視点を, 教育に携わる人々が学ぶことの重要性が理解できるであろう。

　以上が, われわれが, 教員をめざす学生を対象とする教育社会学においてジェンダーを学ぶ意義があると考える理由である。

　本書では, こうした観点から,「子ども」「学校教育」「進路選択」「教員世界」に焦点を当てた。これらは, 日本の教育社会学において, 研究蓄積が比較的豊富な領域でもある。

　また, 本書では, 普段われわれが接する学生たちの実情を踏まえ, まずは「知る」ことを重視した。なぜならば, かれらの多くは, 大学入学前に「ジェンダー」「男女共同参画」という用語があることを学習しているものの, 社会における男女の処遇に関する現実をほとんど知らないし, これまでの学校経験をクリティカルに見る視点を十分にはもっていないように思われるからである。そのため, 各章では, ジェンダーの視点で社会や教育を見るとこのように見える, という事実に関する知見を紹介するよう努めた。

　本書は, 上述のとおり, 日本の教育社会学におけるジェンダー研究の課題を必ずしも網羅していない点で, 限界があることは否めない。教育社会学をさら

序章

にきわめたい方には他のテキスト[15]等も手にとっていただきたいし，また，国内外の広範な領域のジェンダー研究についても知っていただきたい。本書の読者には，少なくとも，教育社会学とジェンダーの視点を連動させることによって教育社会をみることの重要性やおもしろさが伝われば幸甚である。

〔河野銀子・藤田由美子〕

【注】

1）公益財団法人日本オリンピック委員会『オリンピック憲章』（http://www.joc.or.jp/olympism/charter/pdf/olympiccharter2016.pdf　2018.3.1最終閲覧）
2）公益財団法人東京オリンピック・パラリンピック競技大会組織委員会「平成29年度　事業計画書」（https://tokyo2020.jp/jp/assets/news/data/20170324_EB_docs.pdf　2018.3.1最終閲覧）
3）人権啓発ビデオ「あなたが　あなたらしく生きるために　性的マイノリティと人権」（https://www.youtube.com/watch?v=G9DhghaAxlo　2018.3.1最終閲覧）等
4）法務省啓発活動（http://www.moj.go.jp/JINKEN/jinken05_00023.html　2018.3.1最終閲覧）　https://www.youtube.com/watch?v=IhU4Nm2kQJ4
5）性分化疾患ホームページ（http://nrichd.ncchd.go.jp/endocrinology/seibunka　2018.3.8最終閲覧）
6）新井・樫田（2005），魚橋（2009）
7）大阪府立大学「就業力GP　性分化疾患/インターセックス―医療・教育・福祉の谷間を埋めて未来につなぐ―」（2010年12月11日，ヴィアーレ大阪）
8）文部科学省（http://www.mext.go.jp/b_menu/houdou/28/04/__icsFiles/afieldfile/2016/04/01/1369211_01.pdf　2018.3.1最終閲覧）
9）免許法別表第一を参照。なお，特別支援学校教諭免許状を取得するためには，幼稚園（二種免許状のみ該当），小学校，中学校，高等学校のいずれかの教諭の普通免許状を基礎に，「特別支援教育に関する科目」の単位を修得する必要がある。
10）たとえば，小学校教諭一種免許状（基礎資格として学士の学位が必要）を取得するためには，「教科に関する科目」8単位，「教職に関する科目」41単位，「教科又は教職に関する科目」10単位の修得を必要とする。
11）リテラシーとは，読み書き能力を意味する。転じて，ある分野に関する知識やそれを活用する能力を意味する。
12）日本教育社会学会の創立は1948年である。
13）1960年代，アメリカにおいて公民権運動とのかかわりで起こった女性解放運動。

「家父長制」をキーワードに，女性の社会進出以後も持続する私的領域のなかでの男性と女性の非対称な権力関係を問い直した。
14）たとえば，テーマ部会「ポストフェミニズム言説の中の『ジェンダーと教育』再考」日本教育社会学会第65回大会（埼玉大学，2013年9月），を参照。
15）たとえば，次のような著書：日本教育社会学会編（本田由紀・中村高康責任編集）（2017）『教育社会学のフロンティア1　学問としての展開と課題』岩波書店，片山悠樹・内田良・古田和久・牧野智和編（2017）『半径5メートルからの教育社会学』大月書店，日本教育社会学会編（2018）『教育社会学事典』丸善出版

【引用・参考文献】

天野正子（1988）「性（ジェンダー）と教育の課題―かくされた『領域』の持続」『社会学評論』pp. 266-283。

新井祥・樫田美雄（2005）「インターセックスと性のグラデーション：徳島大学総合科学部学部共通科目『健康と福祉』特別講義から」『徳島大学社会科学研究』第18号，pp. 243-261。

魚橋慶子（2009）「性の多様性に対応する人権教育についての考察―大学教育への提案―」『東北学院大学教育研究所報告集』9，pp. 49-62。

多賀太・天童睦子（2013）「教育社会学におけるジェンダー研究の展開―フェミニズム・教育・ポストモダン」『教育社会学研究』第93集，pp. 119-150。

森繁男（1992）「『ジェンダーと教育』研究の推移と現況―『女性』から『ジェンダー』へ」『教育社会学研究』第50集，pp. 164-183

中西祐子・堀健志（1997）「『ジェンダーと教育』研究の動向と課題―教育社会学・ジェンダー・フェミニズム」『教育社会学研究』第61集，pp. 77-100

大学における教員養成と教育社会学

　教育社会学のエッセンスを活用するものの，大学の授業名から「学」という文字が消えて久しい。教育社会学の担当者として着任した1996年当時，他の授業も担当したが，基本的には「教育社会学（教職）」「教育社会学概論」「教育社会学演習」「教育社会学特論（大学院）」を担当していた。ところが，数年前から，「教育社会学」という名称が入るのは教員免許法に位置づけられた1科目だけとなり，その他は「社会と学力」「教員のキャリア形成」「共生社会におけるジェンダーと教育」を開講している。着任当初はいわゆる学問的に構造化したカリキュラムであったのに対し，最近のカリキュラムは柔軟化している。

　大学カリキュラムを，学問のための学問から，社会のための学問にシフトさせる改革は，大学大衆化における必然ともいえるが，大学教育の質保証が問われる中で教員養成カリキュラムも変容した。学校教員として役立つ内容を見えやすく並べ，基礎的な内容からより高度で発展的な内容の順に履修できるようにカリキュラムが組まれ，履修カルテに記録していく。さらに，「教職課程コアカリキュラム」の導入や「教員育成指標」の開始などが決まっている。システマティックに学べる仕組みになっているが，無駄や隙間がなさすぎるように思われる。小中学校の校長等も，近年の教育実習生が「いい子」で「元気すぎる子がいない」という懸念を度々口にする。われわれ大学教員と同様に，複雑で多様で変化の激しい現実の教育に対応するには，役立つことだけを順序よく学ぶだけでなく，無駄や隙間の経験が必要だと考えているのだろう。

　とはいえ，学生も多様である。これからの社会を生きる子どもたちを教える教師となる学生にとってジェンダーの視点は重要だとし，そのために大学カリキュラムの再検討が必要だと発表した学生がいた。それは，「単なる英語の教師ではなく，ジェンダーに詳しい教師」が必要との考えに基づいており，そのために，「男性学」の開講や，学部内外の授業連携や地域との連携，そしてその履修証明を出すこと，等が含まれていた。英語教師になるための最低限の決められたカリキュラムをこなすだけではない大胆な提案を聞き，こうした学生が教員をめざしていることを頼もしく思った。

　ただ，学生だけで現状を変えるのは難しい。「先生たちも負担だと思うけど，そこをなんとか頑張ってほしい」と言われてハッとした。教育改革の煽りで業務負担が増えるなか，学生とじっくり向き合って何かを作り出す時間が減っている。学生の出口管理に躍起になるわれわれ大学教員も，学生たちの無駄や隙

間の経験から生まれる思索の芽を摘むことに加担しているかもしれない。
　本書が，学生だけでなく本書を手にする大学教員等によって，テキストの字句理解を超えて活用され，学生にたくさんの冒険や失敗を促し，教育社会学をもっと面白い学問に育てる契機となることを願っている。

[河野銀子]

第 1 部

子ども世界とジェンダー

1章 幼児期

キーワード

ジェンダー構築，ヘゲモニックな男性性，二分法的なジェンダー

はじめに

　本章では，幼児期におけるジェンダー形成について，下記のことについて理解することをめざす。まず，ジェンダー形成の理論を概観し，ジェンダー構築の視点について理解を深める。つづいて，幼児教育・保育におけるジェンダーの問題について考える。最後に，幼稚園・保育園におけるジェンダー形成について，筆者の調査研究をもとに考える。本章での学習内容は，幼児期におけるジェンダー形成のあり方について考察するための手がかりとなるだろう。

1．幼児期とジェンダー

(1) 幼児の絵から：筆者の場合

　最近，幼稚園時代に描いた絵を見てみた。当時の筆者は，髪が短かったのであるが，なぜか，私が描く女の子の絵の多くは，「お下げ髪」であった。しかし，なかには，お下げ髪ではない人物が描かれた絵もみられた。

　5歳前後には，男の子の絵と女の子の絵が異なっているといわれる（皆本2017, pp. 145-193）。幼い頃に筆者が描いた絵は，図1-1は「定説」に沿っているように思われるが，図1-2は異なるように思われる。果たして，それにはどのような意味があるだろうか。

1章　幼児期

図1-1　花屋へ行く女の子（5歳10ヶ月）

図1-2　遠足（5歳8ヶ月頃?）

(2)「性」変数から「ジェンダー」概念へ

人には，行動や態度などにおいて一定の「性差」があると考えられてきた。発達心理学の分野では，たとえば「男子は視空間能力に優れる」「女子は言語能力に優れる」など，性差についての探究が行われてきた。

この性差は，何に由来するのか。それをめぐり，「氏（うじ）か育ちか」（nature and nurture）論争が展開されてきた。〈性〉は「生物学的差異に由来する」か「社会的・文化的に学習される」か，という論争である。この論争で，性差は，その人の生物学的な性によって本質的に決定されるよりはむしろ，生物学的な性にしたがって求められる役割期待によって形成される，というモデルが提示された。ここで，「ジェンダー」概念は，〈性〉の後天的形成モデルの説明に重要な鍵概念となった。

(3) 子どものジェンダー形成論

子どものジェンダー形成論は，生物学的決定論，社会化論に整理される。

1) 生物学的決定論

生物学的決定論は，性差の基盤は生物学的・解剖学的性であることを前提とするものである。近年，行動等の性差の生物学的背景への注目がなされ，再考されつつある議論である。

生物学的決定論の問題点として，以下のことが指摘されている。第一に，文

13

化と社会の多様性を考慮に入れていない点，第二に，人間のアイデンティティを固定的で変化しないものとしてとらえている点，第三に，社会変動の影響を考慮していない点である。さらにいえば，生物学的にも性はグラデーションであることが知られるようになった近年では，「生物学的な二分法」そのものも自明ではない。

2）社会化論

社会化論は，ひとことでいえば，ジェンダー・アイデンティティを学習の産物であるとする考え方である。それは，大人の行動のモデリングや，大人やそのほか重要な他者による強化，というように，社会的学習理論とも関連する。

ただ，社会化論にも問題点はある。第一に，生物学的な基盤に基づく「ジェンダー役割」への社会化は，「男と女は本質的に違う」という視点を有する。第二に，それは，社会化エージェントと社会化の客体（socializee）という関係図式は，大人が子どもを統制する関係性を前提とする。

現実の子どもは，必ずしも大人の統制を一方的に受け入れるばかりではない。子どもの生活世界を明らかにするにあたって，大人の前で「無力な子ども」を自明視することは問い直される必要がある。

3）「セックス」と「ジェンダー」概念の転換

〈性〉の後天的形成モデルは，生物学的に定義される「二つの」性のどちらかに所属することを前提としている。そのため，「男と女は『違う』ゆえに『それぞれの特性に応じた役割』を持つべきである」とする，いわゆる「特性論」に対する理論的抵抗が困難である，という限界がある。

近年，ポストモダン・フェミニズムにおいて，自明視されてきた「セックス」と「ジェンダー」の関係性は逆転した。つまり，社会的・文化的につくられる性は，生物学的な性のありようを規定する。たとえば，魅力的な身体の誇示など性的な身体の提示やダイエットや筋力トレーニングなどの身体加工は，理想の身体をめぐる言説が人をそのように駆り立てるものであるといえよう。

(4) 社会化論を超えて―「ジェンダー構築」への注目

1）基盤としての「構築主義」

　以上の課題を克服するためのひとつの視点として，子どもを含めた社会の成員による「ジェンダー構築」に注目することが考えられる。構築主義に関するレビュー（上野編 2001）によれば，構築主義の源流はバーガー（Berger, P.）とルックマン（Luckmann, T.）の知識社会学的研究『現実の社会的構成』（1966, 訳書 2003）にあるといわれる。バーガーとルックマンは，私たちが自明視している日常世界の現実は，私たちの〈いま―ここ〉の周りに組織され，つまり時間と空間の双方によって構成されるとし，間主観的な世界，つまり他者とともに共有する世界としてあらわれる日常世界の現実は，社会的相互作用の中でたえず構成されつづける，と論じた。

2）ジェンダー秩序とジェンダー構築

　ジェンダーの問題化は，「本質論的還元」を免れることができないという問題がある。社会的カテゴリーであるジェンダーは，「生物学的差異」を根拠に正当化されるためである。それを乗り越えるには，ジェンダーを「性差」があるかないかにこだわって問題化するよりは，「性差」をめぐる考え方がいかに作られていくか（構築されるか）に注目することが戦略として有効である。このことについて，江原由美子と上野千鶴子が有用な議論を行っている。

　江原は，日常生活からマクロレベルの社会に至るまでジェンダーが社会的に構築されていることを足がかりに，ジェンダー知の産出とジェンダー秩序＝性支配の産出の循環的な関連を論じた（江原 2001）。一方，上野は，「女」「男」のそれぞれに対応する「アイデンティティ」が措定され，それを「内面化」するよう「強いられる」ことを問題視した（上野編 2001）。

　江原と上野の議論は一見異なるように思われるが，社会的カテゴリーとしてのジェンダーが社会的な営みによって構築されることを示している点で，一定の類似点をみいだすことができる。

3）社会的構築物としてのジェンダー

　構築主義的アプローチにおいては，「二分法的なジェンダー」そのものが社

第1部　子ども世界とジェンダー

会的構築物である。これに対し，生物学的決定論や社会化論は，人間はまず生物学的に二分された「男」と「女」どちらかの性に属しており，性にかかわる諸特性はそれに基づき割り当てられる，ということを前提としている。どちらの理論においても，人間は，性にかかわる諸特性を，生得的に所有する，あるいは内面化によって身につける存在として理解される。

　しかし，人間の性は，生物学的に完全なる二分法として，男と女のどちらかに分かれているわけではなく，グラデーション状態にあると理解されるようになっている（序章および3章参照）。また，社会的な「女」または「男」のありようは，むしろ身体のありようを規定する。したがって，男と女というふたつの性は，生物学的に本質というよりは，むしろ，人間が日常生活における言説実践を通して構築する社会的現実である，ととらえられる。

　冒頭に示した，筆者自身の幼稚園時代の絵にあらわれる「女の子像」についても同様のことが考えられる。「お下げ髪の女の子」と「短い髪の女の子」が描かれていたことから，描画者の髪型とは異なる「お下げ髪」を描くことが社会との相互作用を通して形成されたものである可能性を指摘できる。

2．幼児教育・保育とジェンダー

　本節では，幼児教育・保育の分野においてジェンダーの視点がいかなる位置づけにあるのかを明らかにする。

（1）幼稚園と保育園―制度上の位置づけおよび施策の動向

　幼稚園と保育園について理解を深めるために，まずは両者の制度上の位置づけ，および施策の動向を概観しよう。

　幼稚園は，学校教育法第1条に規定される学校である。保育園は，制度上は保育所という名称であり，児童福祉法第39条に規定される児童福祉施設である。

　成立の経緯が異なる両者は，「幼保一元化」の動きのなか，1998（平成10）年以降保育内容の共通化が図られた。2006（平成18）年「認定こども園」制度

16

が創設され，2008（平成20）年，「幼稚園教育要領」「保育所保育指針」の改訂により「教育」内容の大幅な共通化が図られた。なお，幼稚園教諭と保育士の養成カリキュラムについても共有化が行われるとともに，新「幼保連携型認定こども園」制度が発足した2015（平成27）年度に創設された「保育教諭」職の要件として，幼稚園教諭免許状と保育士資格の併有が進められている。

幼稚園・保育園とも，小学校以降の教育との連携・接続が進みつつある。2008（平成20）年学習指導要領の公示以降，「幼小連携」が重要な課題となってきた。「保幼小連携」は，子ども子育て支援新制度の柱のひとつとなった。そして，2017（平成29）年公示の幼稚園教育要領には，第1章総則に「第2　幼稚園教育において育みたい資質・能力及び「幼児期の終わりまでに育ってほしい姿」」が追加され，小学校以降の教育との接続がより明確に打ち出された。

（2）ジェンダー化された幼児教育・保育職

幼稚園・保育園とも，職員は女性が多いことが知られている。ここでは，統計データが公表されている幼稚園について，具体的データを提示する。

表1-1　教員の平均勤務年数と平均給料月額

	平均勤務年数（年）			平均給料月額（千円）		
	全体	男性	女性	全体	男性	女性
幼稚園	10.6	19.1	10.0	227.3	324.8	220.9
小学校	16.9	17.7	16.4	327.0	348.9	313.2
中学校	17.5	18.2	16.6	340.2	353.3	322.3
高等学校	18.3	19.3	16.1	357.2	367.3	335.1
特別支援学校	15.9	17.1	15.2	335.6	355.9	323.0

出所）令和元年度学校教員統計調査より筆者作成

文部科学省による「令和元年度学校教員統計調査」（2021）によると，幼稚園の本務教員のうち女性は92.8％である。幼稚園教員の在職年数と平均給料月額

第1部　子ども世界とジェンダー

（本俸のみ，諸手当は含まず）をみてみよう。令和元（2019）年度学校教員統計調査によれば，幼稚園教員の平均在職年数は10.6年，男性19.1年に対し女性10.0年である。平均給料月額は22万7,300円で他校種より低額であり，女性教員に限ると22万900円で高校女性教員の約3分の2に過ぎない（表1-1参照）。

　男性の幼稚園教員は，他校種に比べると平均給料月額がやや低いものの，勤続年数は他校種とそれほど変わらない。その一方で，女性の勤務年数は非常に短く，平均給料月額も著しく低い。ここから，幼稚園で圧倒的多数を占める女性教員は，若い人を中心に，数年で退職することを前提として採用されている可能性がうかがえる。

(3) 幼児教育・保育研究におけるジェンダー問題の不可視性

　以上に述べたように，幼児教育・保育においては，ジェンダーに基づく構造上の問題が存在する。一方，幼児教育・保育研究においては，管見の限り，ジェンダー問題はあまり取り上げられていない。

　ジェンダーをキーワードとする幼児教育・保育研究論文の動向について分析を行った結果，まず，1990年代以降の幼児教育学・保育学の全国学会誌における「ジェンダー」をキーワードとする論文は，『保育学研究』（1992-2016）掲載の記事921件中6件（0.65％），『乳幼児教育学研究』（1995-2015）掲載の記事207件中わずか1件（0.48％）と非常に少ない。また，論文内容の分析から，①幼児教育・保育研究における「ジェンダー問題」への関心の希薄さ，②ジェンダー問題については保育者・保育学生個人または園の問題への還元がみられること，③「保育」という「ケア労働」にはそれが女性の仕事であるというバイアスが埋め込まれていること，が明らかになった（藤田 2017）。

3．「ジェンダー化」された子どもたちの園生活
―幼稚園・保育園調査より―

　ジェンダー化された幼稚園・保育園で，子どもたちはいかにしてジェンダー

形成を行うのか。本節では，観察調査（藤田 2015）のデータを手がかりに，子ども自身によるジェンダー構築の諸相を明らかにしたい。

調査は，西日本地方の学校法人立幼稚園1園，別の地方の社会福祉法人立保育園2園で，1990年代の終わりから2000年代中盤にかけて行われた。観察内容は，朝の登園後の「お集まり」に始まり，設定保育，昼食（給食），自由遊び，降園，と多岐にわたる。

なお，調査時期は，「幼保一元化」論の影響を受けていた時期と重なる。当時，保育園は，保育内容の独自性を打ち出すことが求められており，幼稚園でも，子ども数の減少に対応するために，3年保育の充実，保育内容や預かり保育の充実などの対応策が求められていた。

（1）保育活動におけるジェンダー

保育活動の観察調査では，次のことが明らかになった。第一に，各園における指定の持ち物を検討した結果，服，かばん，教材の園指定を行っている園では，指定の持ち物については，子どもの性別による色分けやデザイン分けが行われず，共通のものが指定されていた。一方，園指定であっても，布バッグやカトラリーセットなど各家庭での準備が求められる持ち物については，色や絵柄に，子どもの生物学的性による差異がみられた。

第二に，各園では，保育者たちは，たとえば子どもを色集団（「紅組」「白組」など）で呼んだり，出席確認で全員を「さん」づけで呼んだり，誕生日順に出席確認をしたりするなど，「ジェンダー」に基づかない働きかけを行っていた。一方，「男の子」／「女の子」と呼びかけたり，男女別整列をさせたりするなど，ジェンダー集団に基づく処遇もみられた。

第三に，保育活動におけるジェンダーについて，保育者は「ジェンダー」による処遇の差異化を意識しているわけではないようであった。ジェンダー集団に基づく処遇については，子ども集団の統制のためと考えられていた。

園での活動におけるインフォーマルなレベルでの「二分法的なジェンダー」の顕在化は，保育者たちが「ジェンダー本質論」を明確に支持し差別的である

ことを意味するのではない。保育者たちは，たとえば，制作活動で青・赤・ピンクなどさまざまな色の画用紙を用意し，子どもたちが自由に選べるようにしていた。むしろ，呼びかけや整列における「二分法的なジェンダー」の顕在化は，保育者たちが意図しないところで，「ジェンダー」という「二分法的な」カテゴリーが「自明」のものとなっていることを意味する。

(2)「海賊ごっこ」における「ヘゲモニックな男性性」

ここでは，「海賊ごっこ」を例に，集団で行われる遊びのなかで「ヘゲモニックな男性性」がいかに行使されるかを示そう。

ヘゲモニーとは，「社会的な勢力が剥きだしの権力関係の外側へ拡大し，私生活や文化過程の組織化にまで浸透することによって獲得した，ある社会的な優越」（コンネル訳書 1993, p. 266）である。「ヘゲモニックな男性性」とは，他の文化や集団に対する闘争のなかで優越する，ある文化や集団が有する「男性性」を指す。それは，女性および従属的な男性との関係を通じて構築され，それらに優越しそれらを従属させる。

例1-1には「海賊ごっこ」遊びの文字記録を示した。この遊びは，滑り台付ジャングルジムを海賊の砦に見立て，3人の女の子たちのうちひとりが，男の子に「海賊ごっこ」をはじめようと声をかけるところから始まった。他の2人はあまり乗り気ではなかったが，「姫」の役でその遊びに参加した。

遊びに加わった男の子たちは，姫役の女の子を「捕まえ」て「ろうや」に入れ，彼女たちの行動を制限しようとした。「女の海賊」になった女の子は，この遊びに荷担した。遊びから降りようとする女の子は「女の海賊」になることを勧められたが，女の海賊なんかいない，と拒絶した。やがて，男の子たちが「バクダン」を投げはじめると，女の子たちは全員，遊びから抜けた。

この場面において子どもたちによって表出されるジェンダーには，権力関係をともなう非対称性があらわれている。第一に，「海賊」になった男の子たちが，ジャングルジムの上に登って高らかな笑いを繰り返している様子は，「ヘゲモニックな男性性」の身体的表現である。第二に，この遊びには，「強い」「海賊」

1章　幼児期

例1-1　海賊ごっこ

複数(F／M)：アハハハハ
?(F)：人のこと笑っちゃいけんよー
ヒヨ(F)：(　)くん<u>海賊ごっこしよー</u>
?(F)：海賊ー？
?　海賊ごっこじゃないもん
?(F)：<u>姫</u>やんない(　)<u>姫</u>
ヒヨ：ヒヨ女の海賊
?(M)：ぼく<u>姫</u>じゃないもん
?(M)：<u>アーッハッハッハ</u>
?(M)：女の海賊って　さらわれたりとかねー
?(?)：=うん
?(?)：=えー

アヤ(F)：ほんじゃーアヤ<u>姫</u>になっていいー？
?(?)：=うん　(　)なっとるよ
?(M)：<u>アーッハッハッハッハ</u>
?(?)：ならんって言ったじゃん
?(F)：(　)
【中略】
トシ(M)：おいだれか　<u>姫</u>
ヒヨ：(　)<u>姫</u>じゃないの！
複数(M)：<u>アーッハッハッハッハ</u>(胸を張りジャングルジムの上で)
マサ(M)：姫ー！　おい(　)したなー？　コラー
ヒヨ：アヤちゃん捕まえる　姫じゃけー

ヒヨ：<u>姫</u>ちょっと待て(　)
アヤ：つかま　ちゃーーー

?(M)：ねえヒヨちゃん(　)
ヒヨ：<u>ろうやに決めたって言わにゃー</u>
マサ(M)：<u>姫</u>はどこじゃー　捕まえたぞー
ヒヨ：ここが<u>姫</u>よ
マサ：へへへ　おい(　)(　)だぞ
?(?)：(　)
マサ：<u>ろうやだ</u>
【中略】
?(M)：あ　こいつ逃げようとしている
マサ：<u>この二人　殺してやる</u>
ヒヨ：<u>いいよ　殺して</u>

ヒヨ：登ったらいけんのよ

?：なーんでみんな(　)しとるん

モモ(F)：もうやめちゃい
?：じゃモモちゃん遊ばんのんじゃ

マサ：<u>誰かほうびをもってこい！</u>
ヒヨ：アヤちゃんせんのん
アヤ：(　)
【中略：筆者が話し掛けられたため聞き取れず】
?(M)：海賊ごっこに決まったんじゃろー
?：(　)
ヒヨ：じゃモモちゃん<u>女の海賊になりんさい</u>
モモ：だってね女の海賊なんかおらん(　)

?(M)：アヤちゃん泣いてる
?(?)：(　)くーん　アヤちゃんが
マサ：だれか(　)買って来い
?：ね　あのね　姫おらんよ　ここ
マサ：アヤ！　どれどれ　どっち

マサ：バカ！

(男の子たち，口々に叫び声)
?(M)：(　)じゃけ　バクダン　ボンバーン！
?(M)：マサ(　)
?(M)：<u>パパパンパンバーン　ドカーン</u>
マサ：<u>バクダンがないぞ　大きいバクダンだ！</u>

ヒヨ：<u>もう海賊ごっこやめよー</u>

?(F)：うん　だって面白くないもん
?(M)：面白いよ
?(F)：(　)じゃ　ねー
【記録中断】

(藤田 2009, pp. 81-83より)

凡例─────────────
　?　：不明（名前もしくは性別）
　(　)：聞き取れなかった箇所
　=　：会話の重複
　<u>海賊ごっこしよー</u>：遊びの進行にかかわる発話
　<u>アーハッハッハ</u>　：身体表現，擬態語
　<u>姫</u>　：役割を名乗る発話

21

第1部　子ども世界とジェンダー

対「とじこめる」対象としての「姫」、という対の構図として「ヘゲモニックな男性性」があらわれている。第三に、この遊びは、途中で女の子から男の子へ進行権が移動している。

つまり、この事例からは、幼児期の子どもたちも「ヘゲモニックな男性性」を行使して遊びの主導権を奪う営みを行っていることが読み取れる。

(3) 幼児のジェンダーに対する保育者の語り

ここでは、観察によって得られた幼児の状況やジェンダー観について、幼稚園・保育園の保育者を対象に行ったインタビュー結果をみてみよう（藤田 2015）。保育者の多くは、保育活動において、「性に基づく処遇」があることについては明確に言及せず、「個人差」ということばをしばしば用いていた。「性＝ジェンダー」よりは、能力やリーダーシップや達成など、「個人」の発達の諸側面に関心を向けているようであった。

保育者が「性に基づく処遇」があることについて言及しないことは、必ずしも、保育者にとっては社会的カテゴリーとしての「ジェンダー」にとらわれない平等な処遇を意識化しようとしていることを意味するわけではない。むしろ、社会的カテゴリーとしての「ジェンダー」が保育の場においてあえて意識化されることが多くないのは、前節で述べたことと関連するだろう。

一方、保育活動においては、生物学的なレベルでの「男と女」の違いの存在は「自明」視されていた。それは、たとえば男の子を先にトイレに行かせることや、男女別に整列をさせたり呼びかけたりするなど、「合理性」に基づく「男女別」取り扱いにあらわれていた。

とはいえ、「ジェンダー」および「セックス」をめぐる実践は変更不可能というわけでは決してない。ある保育者は、男の子を「先に」トイレに行かせることの「合理性」は、他の保育者による問題提起により、「保育上の都合」であることがあらわにされたことについて語った。また、別の保育者は、トイレの洋式化がトイレ指導にも変化をもたらしたと語った。このように、保育者は、これまで信じてきた保育実践の「常識」にしばしば揺さぶりをかけられるのだ。

おわりに──ジェンダーに敏感な保育をめざして

「男女共同参画社会基本法」制定（1999年）前後，ジェンダーに関する啓蒙の機運が高まった。また，同じ頃，保育の現場でも「ジェンダー・フリー保育」がうたわれ，その実践が行われるようになった。また，学校教育におけるジェンダー学習のひろがりがみられた。2000年代前半のバックラッシュ以降しばらくの間は下火になったものの，近年，学校における多様な性を生きる子どもへの対応の必要性から，ふたたびジェンダーに関する学習はひろがりつつある。

保育者養成においても同様である。青野篤子（2008）は，保育における環境構成にジェンダーの「隠れたカリキュラム」がみられること，保育者もそれを自明視していることを明らかにしたうえで，「隠れたカリキュラム」を是正するためのプログラムが必要であると論じた。

しかし，近年は幼児教育学科などで「ジェンダー論」を開講している大学も増えてきたものの，今なお，必ずしもすべての大学で「ジェンダー論」が開講されているわけではない。さらに，授業で「ジェンダー論」を開講する場合も，それの基盤をなす理論をどうするか，その授業を受講した学生には将来どのような保育者になってほしいか，などを十分に検討する必要があろう。

今後は，幼児期のジェンダー構築の状況を踏まえたうえで，子どもにジェンダーについて考えさせる機会を設けること，および，保育者自身の「二分法的なジェンダー」の自明視の問い直しが求められるだろう。　　　　　　［藤田由美子］

考えてみよう

① 幼稚園・保育園時代を振り返り（自宅に残っている絵画や写真を用いてもよい），幼児期のあなたのジェンダー経験について考えてみよう。

② 幼児期を中心とする子ども時代の遊びを思い出し，そこに「男らしさ」/「女らしさ」があらわれていたか，話し合いをしよう。

第 1 部　子ども世界とジェンダー

【引用・参考文献】
青野篤子（2008）「園の隠れたカリキュラムと保育者の意識」『福山大学人間文化学部紀要』第 8 号，pp. 19-34
上野千鶴子編（2001）『構築主義とは何か』勁草書房
江原由美子（2001）『ジェンダー秩序』勁草書房
コンネル, R. W.（1987＝1993）森重雄・菊地栄治・加藤隆雄・越智康司訳『ジェンダーと権力—セクシュアリティの社会学』三交社
バーガー, P・ルックマン, T.（1966＝2003）山口節郎訳『現実の社会的構成—知識社会学論考』新曜社
藤田由美子（2015）『子どものジェンダー構築—幼稚園・保育園のエスノグラフィ』ハーベスト社
藤田由美子（2017）「幼児教育研究におけるジェンダーの視座に関する考察」日本子ども社会学会第24回大会，当日発表資料
皆本二三江（2017）『「お絵かき」の想像力—子どもの心と豊かな世界』春秋社

2章 メディア

キーワード

メディア　　ステレオタイプ　　内容分析　　性別役割分業

はじめに

　本章では，メディアと子どもについて，ジェンダーの視点より検討する。はじめに，マス・コミュニケーション研究におけるマイノリティ描写の問題をてがかりに，メディアにおける女性描写の問題について考える。続いて，メディアのなかのジェンダーについて，登場人物のジェンダー比，性別役割分業，役割描写，時系列的変化，ジェンダー表象の観点より概観し，子どもはいかにメディア内容を受容するかについて考える。本章での学びを，メディアと子どものかかわりについて考えるきっかけにしてもらいたい。

1.「男のキティちゃん」？

　例2-1は，当時4歳児であったA男とのインタビューの記録である。彼は，筆者から「ハローキティ」のキャラクターについて好き嫌いを問われ，「男のキティちゃん」ならば好き，そして当時放送中の戦隊ヒーローが好きだと答えている。

　1章で，幼児期にはすでに「女の子」/「男の子」の区別が存在するという認識が社会とのかかわりで形成されていることを論じた。次頁の会話より，A男は，たとえば「ハローキティ」は頭にリボンをつけているから女の子である，

第1部　子ども世界とジェンダー

例2-1　「男のキティちゃん」

| I（筆者）：このマンガは好きですか？
| A男：〔首を振る〕
| I：そのマンガ？　好きじゃない？
| A男：男のキティちゃんは好き
| I：あっ男のキティちゃんているの
| A男：〔うなずく〕
| I：ほんとー　ふーん　じゃあ　女のキティちゃんて好きじゃない
| A男：〔うなずく〕
| I：ほんとー　じゃあこの絵は女のキティちゃんだから好きじゃない？
| A男：〔うなずく〕
| I：本当　じゃあ
| 〔戦隊ヒーローの写真を見せようとする〕
| A男：ボウケンジャー好き
| I：ボウケンジャー好き？　本当
| A男：見てる　見てる
| I：よく見てる？
| A男：かっこいい
| I：カッコイイ？
| A男：これ
| 〔青い衣装のキャラクターを指さす〕
| I：ボウケンブルー？
| A男：〔別のキャラクターを指さす〕
| 後　これとこれ　なりた
| I：なりたい？　本当　すごいね
| A男：この洋服持ってる　この洋服
| 〔赤い衣装のキャラクターを指さす〕
| I：んー本当　ボウケンレッドの服を持っているんだ　ほんとー

（藤田 2009 を一部加工）

というようにキャラクターを外観上のシンボル（例2-1では「リボンの有無」）によって区別し，自らの性と同一の外観を有するキャラクターを選好していると考えられる。

　子どもが日頃接するメディアの内容は，いかなる世界を描いているだろうか。そして，そこに描かれたジェンダーはいかなるものであるか。

　本章では，子どもの生活に無視できないかかわりをもっているメディアについて，それが描き出すジェンダー，そしてそれらと接する子どもとのかかわりについて考えてみよう。

2．メディアは世界を公平に描いているか

(1) マス・コミュニケーション研究におけるマイノリティ描写

　マス・コミュニケーション研究は，マス・メディアの内容は必ずしも公平に社会を描写していないことを明らかにしている。マクウェール（McQuail, D.）

は，マス・コミュニケーション研究のレビューにおいて，マス・メディアには，黒人，ユダヤ人，女性，障がい者など，社会のなかのマイノリティに関するステレオタイプ的描写がみられることを指摘している（マクウェール訳書 1985）。マイノリティとは，人種，民族，社会階級，性，障がいの有無等において区分される社会集団のうち，社会における多数派もしくは支配的集団から分け隔てられ，差別や不利益を受ける位置に置かれている集団である。

　メディアのなかの，マイノリティに関するステレオタイプ的な描写は，それに属する人々に対する，文化面での差別，暴力であるといえよう。当事者が属する集団がその描写において一般化され単純化されることにより，当事者は個人として見られるよりはむしろカテゴリーに還元される。カテゴリーに還元されることにより，所属集団に対するスティグマを付与され，当該社会において不利な位置に置かれる。それによりその人は，社会的・経済的にも不利益を被るかもしれない。

(2) 女性というマイノリティ

　われわれは，（生物学的）性に基づき，「女」と「男」のふたつの集団のどちらかに分類される。性をふたつに分けることの問題については序章を参照していただくとして，ここでは，女性が社会的なマイノリティとしてとらえられることを理解しておこう。

　たしかに，人間社会において，女性は，およそ半数を占める集団であり，数の上では少数者というわけではない。しかし，女性は，多くの社会において，しばしば，地位や役割において不利益を受けることが，さまざまな文献において報告されている。たとえば，セクシャルハラスメントなど，教育，労働，性的自己決定権，リプロダクティブ・ヘルス／ライツにおける女性の不利益はその例である。このこと自体，女性がマイノリティであることを示すものである。

第1部　子ども世界とジェンダー

3．メディアのなかのジェンダー

　メディアのなかのジェンダーに関する分析研究では，女性の少なさ，性別役割分業の描写，相互作用での非対称な役割描写，を明らかにしてきた。以下，それぞれの知見を述べる。

(1) 女性の少なさ
　1960年代以降，メディアの内容分析研究において，キャラクターの男女比の偏りが注目されるようになった。

　テレビにおいては，女性の登場が少ないことが知られている。欧米でのテレビにあらわれた性役割の内容分析研究のレビューでは，おおよそ女性対男性の比率は3：7である，とまとめられている（Durkin 1985）。

　日本では，1990年代から2000年代前半にかけて行われた，子ども向けメディアの分析がある。1995年に放送されたアニメ番組について男女比の分析を行った結果，女性の登場は，せいぜい4割に過ぎないことが明らかになった（藤田1996）。また，2000年から2001年にかけて行った，子ども向けテレビ番組と絵本の分析では，テレビ番組の女性率（女性／〔女性＋男性〕×100）は36.4％，絵本のそれは32.5％であった。

(2) 性別役割分業
　多くのメディア分析において，「男は仕事，女は家庭」という「性別役割分業」に関する描写が顕著であると報告されている。また，男性登場人物の多くは職業をもち，その職種は多様である一方，女性は職業をもたないか，教師，看護師，などといった，「女性の職業」とみられる職業についている者が多い。

　倉田侃司（1987）は，戦前・戦後の国語教科書について登場人物の性別・職業・生活領域を分析し，戦前・戦後を通じて女性の登場は少なく，固有名詞で登場する女性の割合は4分の1を超えないこと，職業をもつ女性が少ないこと，

女性の活動領域は家族や友人の範囲に限定されていることを明らかにした。また，テレビ番組と絵本の内容分析（藤田 2003）からは，①職業をもつ女性の割合が少ないこと，②女性は男性に比べ，職業の種類が少ないこと，③職種の分布に偏りがみられる，たとえばテレビでは女性は「主婦」が最も多く，絵本においては，女性は「〜のお母さん」というような，他者との関係での呼称が多い，といったことが明らかにされた。

　性別役割分業の描写には，ジェンダーをめぐる社会状況が関与しているものと考えられる。倉田は，1955年と1956年に出版された同じ出版社の中学１年家庭科教科書の挿絵登場人物を比較した結果，1955年には男子が多かったのに対し1956年には女子が多かったことについて，戦後の高度経済成長をめざした学習指導要領の改訂（1958年）で新設された「技術・家庭」における性別分離―「男子向け」技術科と「女子向け」家庭科―を先取りしていた（4章を参照）のではないか，と議論している。

(3) 物語中の役割
１）主人公と脇役

　ここでは，番組内でのキャラクターの役割におけるジェンダーについて，引き続き内容分析の結果を見よう（藤田 2003）。まず，主人公について分析した結果，テレビ番組の主人公は328名中202名が男性であり，キャラクター全体における割合は61.6％，男女比でも70.4％を占めていた。絵本では，主人公132名のうち92名（69.7％）が男性であった一方，女性の主人公は全体の21.2％（28名）に過ぎなかった。

　一方，テレビと絵本の双方で，主人公の恋人・配偶者や家族・親族の半数は女性で占められていた。全体的に，主人公以外のキャラクターにおいて，女性の割合は相対的に高い。主人公以外のキャラクターについて，主人公に対する関係を検討した結果，男性は主導的・積極的な役割を果たし，女性は補助的・周辺的な役割を果たしていた。

　これらの分析より，キャラクターの非対称なジェンダー関係が浮かび上がる。

2) 相互作用における非対称性

　メディアの登場人物が作品中で果たす役割を分析した研究は，ジェンダーによる役割分業を指摘している。すなわち，男性は能動的な役割，女性は受動的な役割である，という役割描写の違いがみられる。

　牧野ほか（2012）は，小中学生対象の月刊コミック誌4冊64作品のうち恋愛を取り扱っている34作品について，恋愛や性に関する言語517個を抽出し，分析を行った結果，男性主導の傾向を明らかにした。具体的には，恋愛や性に関するシーンのうちキスシーンや抱擁シーンでは，男性から女性へという男性主導のシーンが83コマ中64コマであり，数多く出現していたことがわかった。

　テレビ番組の登場人物の会話の質的分析からも，非対称な役割描写が見られることが明らかにされている。テレビ・アニメ番組の登場人物の会話における攻撃パターンを分析した研究では，男子が女子を攻撃するパターンでは強い男子が弱い女子を攻撃している，女子が男子を攻撃するパターンではお調子者の男子を世話好きの女子が叱ったり，主人公の女の子が変身して敵を倒したりする，という非対称性がみられた（藤田 1996）。

（4）時系列的変化をめぐる議論

　ジェンダー・ステレオタイプに関する内容分析研究においては，しばしば，「過去のメディアに比べて男女平等的になったか」ということが問題になる。年代別比較を行った研究は，過去のメディアに比べて新しいメディアの方がステレオタイプ的描写は少ない，という結果を得ているという。一方，根本的な変化はあまりしていない，たとえば，行動のパターンの描写については変化がみられない，という議論もある。

　絵本については，年代による変化が指摘されている。武田京子（1999）は，月刊絵本『こどものとも』1号から504号（1956年度から1997年度）について，作者の性別，主人公の性別，主人公の性格や行動にみられるジェンダー・イメージ，ストーリーの展開に投影されたジェンダー・イメージ，を分析した。その結果，女性作者の割合は増加傾向であり1980年代に女性比率が高いこと，

表2-1 絵本の女性率の変化

年　代	～1969	1970～79	1980～89	1990～99	全体
女　　性	29.2	24.4	36.7	27.8	29.7
男　　性	54.2	67.1	57.5	62.7	61.6
不　　明	16.7	8.5	5.8	9.4	8.7
合　　計	100.0	100.0	100.0	100.0	100.0
実　　数	24	82	120	212	438
女：男比(%)	35.0	26.7	38.9	30.7	32.5

注1：単位は％
注2：女性率は，女性／（女性＋男性）×100
出所）藤田（2003），p.263

　初期は男性主人公が多く，固定的な性別役割分業が描写されているが，1986年度以降は性別によるステレオタイプではなく，子どもの個性としての性格・行動描写がみられかつ子どもの成長過程が描かれていること，が明らかにされた。

　大規模調査ではないが，1963年から1999年までに刊行された絵本112冊121作品について女性率の年代間比較を行った研究もある。この研究では，1960年代と1980年代の女性率が高いことが明らかになった（藤田 2003：表2-1）。

　上記の2つの研究に共通するのは，1980年に女性の割合が相対的に高くなっていることである。このことについては，武田が指摘するように，この時代における女性の地位向上をめざす動きが関連していると考えられる。実際，1985年には男女雇用機会均等法が制定（86年から施行）され，採用や昇進等の男女差別の是正に向けた努力がめざされた。

　テレビについてはどうであるか。坂元ほか（2003）は，1961年から1993年の33年間に放送されたテレビ・コマーシャルにおける性ステレオタイプ的描写の内容分析を行った。その結果，職業や説得の根拠（女性は根拠を挙げない，男性は事実を述べる）や価格（女性は安い商品，男性は高い商品を薦める）についてはステレオタイプ的描写が減少していたものの，性別（男性が多い）や年齢（女

性が若い) や専門性 (男性が権威者) については変化がなく,場所 (男性は家の外,女性は家の中) については,むしろステレオタイプ描写が増加していることが明らかになった。

　以上より,メディアにおけるジェンダー・ステレオタイプの時系列比較からは,社会状況の変化がうかがえる一方で,社会的なジェンダー・ステレオタイプの根強さも示唆される。

(5) ジェンダー表象への注目

　ここまでは,性差および女性－男性という対の相互作用に着目した分析結果を中心に紹介してきた。メディア内容に潜むジェンダー秩序を明らかにするためには,それが描かれる文脈を詳細に検討する必要があるだろう。

　そこで,内容分析研究のなかで,女性あるいは男性のふるまいに注目し,その底流にあるジェンダー体制を明らかにすることをめざす分析の可能性について述べる。その一例として,藤田 (1996) の研究成果を紹介したい。1995年に放送されたテレビ・アニメ番組の物語展開に注目した分析により,男の子との関係における女の子の描写には,一定の「女らしさ」に関する表象が析出された。具体的には,下記の通りである。

例2-2　「とんでぶーりん」第1巻第1話より

(放課後)
サッカー部の練習
光一　シュートを打ち,ゴールを決める
果林　真美,下校中。足を止めてサッカー部の練習を見ている。
果林:あたしもお菓子の作り方でも習おうかなー
真美:なにそれ,急に
果林:な,なんでもない,ただね,もうすこしあたしも女の子らしかったらなーって
真美:変に女の子らしい果林なんてなんか似合わないよ。

果林には果林の良さがあるんだから。
果林:あたしの良さ?
〔光一の「こぶたってところが国分らしいよなー」という言葉を思い出し〕
果林:ちがーう!
真美:ど,どうしたの?
果林:え,あ,なんでもないなーい!
〔走り去る〕
　　　　　　　　(以下略)

(藤田 1996, p. 43)

第一に，物語に登場する強い女の子に「弱さ」や「美への願望」が描かれていた。たとえば，ヒロインが危機に陥った時に男性登場人物が救ったり（『セーラームーンSS』），自ら変身する「ぶさいく」なスーパーヒロインの姿を「美しく」変えてもらうために108個の真珠を集めようとしたり（『とんでぶーりん』），女の子がドジな男の子主人公の自信を回復させるために弱いふりをしたり（『忍玉乱太郎』）していた。

　第二に，女の子は，恋愛や結婚に関して，「女らしさ」を表象していた。たとえば，恋愛小説を読んで恋愛願望をもつ女の子（『セーラームーンSS』），男の子に尽くす女の子（『うる星やつら』，『とんでぶーりん』），恋愛対象になるために「家庭性」などの「女らしさ」が必要であることへの言及（『とんでぶーりん』：例2-2）がみられた。

　分析結果に示される「女らしさ」の表象は，「容貌への執着」，「家庭性の強調」といった「女らしさ」の規範をあらわしている。アニメ番組に登場する女の子たちが表明する恋愛願望にみる対幻想，自らを男性より弱く見せることによって示される従属性は，「女らしさ」が，男性との非対称な，すなわち男性優位の関係性をもあらわしている，といえよう。

4．子どもはメディアに影響されるのか

(1)「影響」研究の限界

　メディア研究の前提として，受け手がメディア内容の影響を受ける，という「影響モデル」がある。それは，社会的学習理論を理論的背景とするものである。しかし，影響モデルという問題設定に限界があることは，すでに多くの研究者によって指摘されている。

　その第一は，実験研究そのものの限界に対する議論である。ドゥーキン（Durkin, K.）は，テレビの性役割と子どもの発達に関する研究動向を概観したのち，社会的学習理論を背景とした影響モデルの限界を指摘した（Durkin 1985）。また，非日常的な実験室での研究への批判を踏まえ，より自然な環境

での子どもの行動を明らかにするために，家庭でのビデオ記録データを用いたメディア視聴行動の調査が行われている（Luecke-Aleksa et al. 1995）。

　第二に，研究モデルに関する議論である。メディアが人に与える影響については，新たなモデルの提示もなされてきた。デビーズ（Davies, B.）は，フェミニスト的な童話を読み聞かせしたとき，子どもが自らのジェンダー観に基づきそれらの読み取りを行っていることを明らかにした（Davies 1989）。

（2）子どものキャラクター選好

　子どものキャラクター選好はどのような状況であるか。2006年，幼稚園・保育園のうち保護者の承諾を得ることができた園児69名に対して実施されたインタビュー調査の結果（藤田 2015）を手がかりに考えよう。4種類のキャラクターのうち好きなものを尋ねたところ，女の子の87.1％はハローキティを，90.3％はプリキュアを好んだ一方，45.2％はボウケンジャーを「嫌い」と答えた。男の子の97.2％はボウケンジャーを，97.1％はピカチュウを好んだ一方で，57.1％がプリキュアを「嫌い」と答え，52.8％がハローキティを「嫌い」と答えた。子どもたちは，キャラクターを好む理由として，「かわいい」（プリキュア：3歳女児・4歳女児，ピカチュウ：4歳男児），「かっこいい」（ボウケンジャー：例2-1のA男），などと述べていた。このほかにも，A男が「男のキティちゃんは好き」と言っていたように，自分と同性の登場人物を好む発言や，キャラクター商品をもっていることへの言及もみられた。

（3）メディア情報をめぐる子どもたちの交渉

　子どもたちは，メディアキャラクターの好みについて，しばしば，仲間との会話のなかで語り合っていた。そして，メディア選好についてラベルづけを行っていた。例2-3には，幼稚園3歳児による遠足中のキャラクター商品をめぐる会話を示した。ここでは，B男は「ハム太郎」の名を連呼しつつその絵が描かれたボトルカバーを周りの子どもたちに見せている。それに対し，C男は「それ女よ」と非難し，女の子に好まれているものをもっているB男は「男」

例2-3　遠足でのキャラクターをめぐる会話

ミニ遠足でのお弁当の時間。一同、弁当を広げている。筆者は、みんなの弁当箱や包みの色柄に注目し、撮影を行っている。

B男：ハーム太郎ー（音声のみ記録されている）
〔筆者、カメラをB男の方に向ける。彼は、立ち上がって「ハム太郎」のボトルカバーをみんなに見せている〕
B男：ハーム太郎ー
C男：それ女よ

D女：ハム太郎は男よ
　　私のお母さんもB男くんのお母さんも言いよったよ、ねー
B男：うん
（中略・お弁当中に）
担任：〔ひとりの園児の弁当箱を見て〕ハム太郎じゃねぇ
B男：ぼくもハム太郎持ってるよ

（藤田 2015, p. 94を一部加工）

から逸脱していることを指摘している。C男の発言に対し、D女は、「ハム太郎」の性別が男であることと自分やB男の母親の発言を根拠に、B男が「ハム太郎」の絵が描かれた物を持っていることは問題ない、と主張している。

例2-3から、子どもたちが、メディアからのメッセージを、仲間や大人との相互作用のなかで選び取っている可能性が示唆されるだろう。メディアと子どもとジェンダーの関係を読み解くためには、単純化されたメッセージを受動的に受けとめるばかりではない、子どもたち自身による「主体的」選択のメカニズムにも注目する必要がある。

おわりに——メディアに描かれる性の多様性をめぐって

本章では、社会的マイノリティとしての女性がメディアにどのように描かれているかを検討してきた。それは、性別二元論内部での偏りについての議論である。したがって、これだけでは、ジェンダー論が克服しようと試みてきた性別二元論を超えることはできない。私たちは、今や性別二元論にとどまらず、多様な性がいかにメディアに描かれているかに注目する必要がある。

最近、性的マイノリティの当事者がマス・メディアに登場する機会が多くなったように思われる。バラエティ番組に登場する（性的マイノリティを芸風とする者も含む）芸能人ばかりでなく、アスリート、ミュージシャン、議員など、さまざまな職種にわたる。

このことは何を意味するか。もちろん，性的マイノリティがある程度の認知を得たことのあらわれでもある。一方で，性的マイノリティが消費の対象になっている，という見方も可能である。

私たちは，性的マイノリティに関するイメージの多くを，マス・メディアより得ることになるだろう。私たちは，その描写に当事者への偏見や蔑視，または過度の一般化（ステレオタイプ化）がみられないか，たえずチェックする必要がある。

［藤田由美子］

考えてみよう

① 本章の内容を参考に，絵本・マンガ・テレビ・ゲームなどのさまざまなメディアにジェンダー・ステレオタイプが描かれているか，分析してみよう。

② 子どもの頃の遊び，または今の子どもたちの遊びのなかに，これらのメディアの内容はどのようにかかわっていたか（いるか），ノートにまとめ，話し合いをしてみよう。

【引用・参考文献】

倉田侃司（1987）「性差の問題」片岡德雄編著『教科書の社会学的研究』福村出版，pp. 98-115

坂元章・鬼頭真澄・高比良美詠子・足立にれか（2003）「テレビ・コマーシャルにおける性ステレオタイプ的描写の内容分析研究―33年間でどれだけ変化したか」『ジェンダー研究：お茶の水女子大学ジェンダー研究センター年報』第6号，pp. 47-57

武田京子（1999）「『こどものとも』に表れた性差」『岩手大学教育学部附属教育実践研究指導センター研究紀要』第9号，pp. 51-61

藤田由美子（1996）「テレビ・アニメ番組にあらわれた女性像・男性像の分析―ステレオタイプ的な描写の検討を中心に」『子ども社会研究』2号，pp. 33-46

藤田由美子（2003）「子ども向けマス・メディアに描かれたジェンダー―テレビおよび絵本の分析」『九州保健福祉大学研究紀要』第4号，pp. 259-268

藤田由美子（2015）『子どものジェンダー構築―幼稚園・保育園のエスノグラフィ』ハーベスト社

牧野友紀・石田志子・藤田愛（2012）「小中学生対象の月刊コミックにおける恋愛と

性に関連する言語とシーンに関する分析」『母性衛生』第52巻4号，pp. 563-569

マクウェール，D. （1983＝1985）竹内郁郎・三上俊治・竹下俊郎・水野博介訳 『マス・コミュニケーションの理論』新曜社

Davies, B. (1989) *Frogs and Snails and Feminist Tales: Preschool Children and Gender,* Allen & Unwin.

Durkin, K. (1985) *Television, Sex-Roles and Children: A Developmental Social Psychological Account,* Open University Press.

Luecke-Aleksa, D., Anderson, D. R., Collins, P. A., and Schmitt, K. L. (1995) "Gender Constancy and Television Viewing," *Developmental Psychology,* Vol. 31, No. 5, pp. 773-780.

3章 性的指向と性自認

キーワード

多様な性　　LGBT　　ダイバーシティ　　アウティング

はじめに

　2017年度から高校の家庭科や地歴・公民などの新しい教科書の一部でLGBTの話題（同性パートナー証明など）が初めて登場した。「恋」の説明を見直して，「男女の間で，好きで，会いたい…」から「人を好きになって，会いたい…」とした国語辞典もすでにある。その一方で，多くの性的マイノリティの子どもが，学校でいじめや暴力を受け，ときには不登校や自殺にまで追い込まれることもいまだ稀ではない。私たちは多様な性を学ぶことによって，一人ひとりの人間の多様性と尊厳を具体的に考え，これからの共生社会を生きるうえで欠かせない，豊かな感性を育むことができる。本章では，はじめに多様な性を性の4要素から説明し，性的マイノリティが学校で直面している困難な状況をふまえて，学校として必要な支援のあり方を考えていく。

1．多様な性：性の4要素

　性は男女2つだけではない。世界には，パスポートに男女以外に第3の性別がある国もある[1]。アメリカ版のFacebookでは50以上の性別がある[2]。こうした複雑さを理解するために，だれもが持っている性の4要素として，身体的（生物学的）性，性的指向，性自認，性表現の4つの側面から考えることができる（図3-1）。

3章　性的指向と性自認

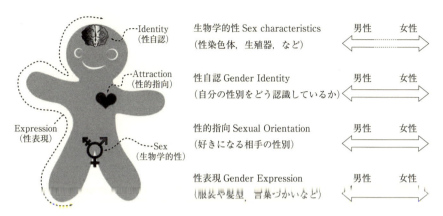

図3-1　多様な性：性の4要素

注）左側の図はhttps://www.genderbread.org/より引用。

(1) **生物学的性**：性染色体，生殖器など，生物的特徴に基づく性別。

(2) **性的指向**（sexual orientation）：恋愛・性愛の対象となる性を指す。男性のみ，女性のみ，男女両方，男女どちらにも性的感情をもたない人（アセクシュアル）がいる。

(3) **性自認**（gender identity）：自分の性別をどう認識し位置づけているか。性同一性というときもある。男性，女性だと思う人もいれば，そのどちらでもない，どちらでもある，などさまざまである。性的指向と性自認を合わせてSOGI（ソジ）という表現も使われるようになってきた。

(4) **性表現**（gender expression）：服装や髪形，言葉遣い，仕草など，他の人に対して自分の性別をどう表現しているかを意味する。

この4つの要素はそれぞれグラデーションで，一人ひとり位置が異なる。またこれらの組み合わせは，一人ひとりの個性である。性的マイノリティは，その特徴や組み合わせが典型的なパターンとは異なる人を指す。さまざまな組み合わせのうち代表的なものとして，LGBTがある。初めのL・G・Bは性的指向についてのマイノリティで，自分（の性自認）と同じ性に惹かれることがある人々についてのカテゴリーである（森山2017）。

第 1 部　子ども世界とジェンダー

・レズビアン（lesbian；性自認が女性で，性的指向も女性）
・ゲイ（gay；性自認が男性で，性的指向も男性）
・バイセクシュアル（bisexual；性的指向が男性にも女性にも向く人；両性愛）

　トランスジェンダー（transgender）は，性自認についてのマイノリティで，出生時の体の状態を元に割り当てられた（戸籍や住民票の）性別と，性自認とが一致しなかったり違和感をもつ人である（中塚 2017）。こうした違和感をもたない人のことをシスジェンダーという。なお，性同一性障害（性別違和）はトランスジェンダーの中で，持続的に強い違和感をもつ人に対する医学的診断名で，2018年にWHOにより「gender incongruence（仮訳：性別不合）」に変更し精神疾患から除外した。LGBTは，レズビアン，ゲイ，バイセクシュアル，トランスジェンダーの英語の頭文字を並べた総称で，連帯して差別を解消する運動を進めるために作られた造語だが，性的マイノリティ全体を指す言葉としても使われる。

　性分化疾患（DSDs，インターセックス）は，身体的性に関するマイノリティで，染色体や性器など身体的性の要素が典型的な組み合わせと異なる人を指す。ただし，そのほとんどは男女いずれかの性自認をもっており，身体的疾患として治療を必要とする人も多くいる。

　その他のカテゴリーとして，アセクシュアル（無性愛），パンセクシュアル，X（エックス）ジェンダー，クィア，クエスチョニング，などがあり，これらも含めてLGBTQやLGBT＋（または広い意味でのLGBT）とも呼ばれる。

　性の要素の組み合わせは無数にある。カテゴリーは理解に便利な道具だが，大ざっぱな区分でしかなく，ひとつのカテゴリーのなかにもさまざまな人がおり，一人ひとりを丁寧にとらえるには不向きな面もある。したがって，「この子は○○だから…」と決めつけずに接することが大切である。

　なぜある人は性的指向が異性愛であり，ある人は同性愛であるのだろうか。なぜある人はトランスジェンダーであり，ある人はシスジェンダーであるのだろうか。性的指向や性自認は，趣味や嗜好，一時的な気の迷いではなく，また環境要因（親の育て方，周囲の影響 など）で決まるわけではなく，（揺らぐことはあっても）本人の意思で変えられるものでもない。しかしそうした誤解もま

だ根強くある。かつて，同性愛やトランスジェンダーに対してさまざまな「治療」が試みられたが，すべて失敗している。先天的・生得的要因など複雑な要因が関係しているようだが，未解明の部分が多くある（ルベイ訳書 2002）。性的マイノリティは人口の5％程度（調査によって，3％，8％など）おり，平均すればクラスに1，2人はいることになる。その原因に関心を寄せるよりも，身近にいるはずの，当事者とどう向き合うかが重要ではないか。

2．子どもの困難・学校での困難：からかい・いじめ・不登校・自殺

(1) 困難の特徴

　日本では，地域によっては伝統的な祭で，また宝塚歌劇や歌舞伎の舞台で，女性が男性を／男性が女性を演じることがしばしば見られ，また歴史的に，同性間の性関係にも江戸時代以前は寛容であった（三橋 2008）。しかし，現代社会において「日本は，外国と比べて，性的マイノリティへの差別が少ない」ととらえることは誤りである。

　UNESCO（2015）は，アジア太平洋の約40カ国・地域を対象にLGBTの子どもたちの実態を明らかにした，*Insult to Inclusion.*（侮辱から包摂へ）という報告書を発行した。先進国とされる国や，伝統的文化が大きく残る国など，さまざまだが，調査したどの国でも，LGBTの子どもたちは各種のいじめや暴力を多く受けていることが明らかにされ[3]，国連として重点課題であることが改めて示された（表3-1）。

　性的マイノリティの困難の特徴として，①困難が目に見えないことも多い，②困難が性別規範と密接である，③家族や地縁など周囲の人に頼れない，という3点が挙げられる。これらは，他のマイノリティと大きく異なる。たとえば①に関して，身体障害の場合は，困難の多くは目に見える。性的マイノリティは，人口の5％程度おり，身体障害をもつ人よりも多いが，身近にいるとはなかなか意識されない。また，③に関して，エスニック・マイノリティの大半は親子が同じ集団に属し，差別に対しても相互理解や協力が比較的容易である。

第 1 部　子ども世界とジェンダー

表3-1　LGBTの生徒へのいじめや暴力の国際比較（アジア太平洋諸国）
(%)

	オーストラリア	中国	香港	日本	韓国	タイ	ベトナム
いじめ全体	69	77		68	80	56	46
言葉によるいじめ	61	44	42	53	29	29	70
身体的暴力	18	10	14	20	5	31	19
社会心理的いじめ（無視，仲間外れなど）	39	21	40	49	31	36	18
セクシュアル・ハラスメント		8	14	11	7	24	18

出所）UNESCO（2015）p.29
注）日本の調査は「LGBTの学校生活実態調査」が引用されている。

しかし同性愛やトランスジェンダーであることは，親が知らないことが多く，親や教員からの支援を受けにくいという特徴がある。2015年の全国調査では，「自分の子が同性愛者だったら嫌だ（どちらかといえば嫌だ，を含む；以下同様）」という回答は72.4%，「自分の子が性別を変えた人だったら嫌だ」という回答は70.2%もあり，地方では全国平均より高い比率となっている（釜野他 2016）。そうした状況では，親に打ち明けるのは困難で，孤立しがちである。また打ち明けられた親も晴天の霹靂状態で孤立しがちであり，親子だけでは解決が難しく，教員や支援団体などによる支援も重要となる（三部 2014）。

　LGBT法連合会が2019年に作成した，性的指向・性自認による困難のリスト（第3版）354項目のうち，「子ども・学校」に関して78項目もの困難が挙げられている。学校は制服，体育の授業，部活動，など男女の性別二元論で区別し，それぞれ一律に扱う場面が非常に多い。そのため，トランスジェンダーの子どもや，男性（女性）ぽくなく見える男子（女子）等にとっては，不本意な押し付けを迫られ，大きなハードルとなっている。

　困難の主な原因は当事者がいることや，当事者側にあるのではないことにあるのではない。社会や学校で（男女という）性別二元論と異性愛主義が暗黙の前提とされ，周囲や社会の側の正しい知識の不足や，差別・偏見，制度的な不

備が原因となっている，「社会モデル」として理解する必要がある。

「LGBTの学校生活実態調査」（いのちリスペクト。ホワイトリボン・キャンペーン, 2014）によると，LGBTの7割が学校でいじめに遭い，3割以上は自殺を考えていた。その中でも，性別違和のある（生物学的）男子の場合，いじめの内訳としては，言葉の暴力（78％）が最も多く，半数は無視・仲間はずれ（55％）・身体的暴力（48％）を受け，性暴力も23％にのぼる（複数回答）。いじめは少なくとも2年以上続き，教員へ打ち明けたのは1割にすぎない。別の調査ではからかい，いじめを教員が先導するケースも報告されている（ヒューマン・ライツ・ウォッチ 2016）。10代のゲイ・バイセクシュアル男性では自傷行為の経験率が2倍以上とのデータもある（日高・星野 2015, p.106）。

（2）差別的な呼び方やアウティング

テレビなどでは，しばしば，「おかま」「オネエ」など差別的な意味が含まれた言葉が聞かれるが，当人には侮辱的と受け止められることがある。学校で耳にしたらその場で丁寧に説明し，「ホモ」は「ゲイ」に，「レズ」は「レズビアン」に，などその人の人格を互いに尊重した表現を使うことが必要である。些細なからかいで悪意がなくても，マイクロ・アグレッション（無知や偏見による小さな攻撃）となる。それを教師が放置すれば，学校で許容されたものとして積み重なり，大きな精神的ダメージとなったり大きな差別や暴力につながる。

2015年にH大学で，ゲイの学生が同性の友人に恋愛感情を伝えたところ，その友人にLINEのグループで同性愛者であることを暴露され，校舎から転落死する事件が起きた。その後遺族が大学と暴露した学生を相手に損害賠償の裁判を起こした。了解を得ないで，勝手にセクシュアリティを暴露することを，アウティングという。もしあなたが友人から性的マイノリティであることをカミングアウトされたとしても，それはあなたを信頼して勇気を奮って打ち明けてくれたのであって，他の人にも話していい，ということにはならない。セクシュアリティは高度のプライバシーであり，親しい友人でも教員でも，誰か別の人に伝えるときは，原則として本人に了解を得て伝えるようにする必要がある。ま

第1部　子ども世界とジェンダー

たカミングアウトをすること／しないことを強要するのもハラスメントにあたる。

3．LGBTをめぐる動向と教育

　古代ギリシャでは，同性愛（少年愛）は「至上の愛」として，異性愛よりも優れたものとされていたが，中世にはキリスト教では罪悪とされ異端審問にかけられた。ナチスドイツがユダヤ人を強制収容所で大量殺戮したことは知られているが，その前に精神障害者や同性愛者に対しても同様に強制収容所で大量殺戮を行っていた（タン訳書 2013）。同性愛嫌悪（ホモフォビア）・トランスジェンダー嫌悪（トランスフォビア）は世界に普遍的にあったわけではないが，さまざまな形で表れてきた。

　同性愛は，かつては精神病理とされていたが，1990年に世界保健機関（WHO）が，国際疾病分類ICD-10から同性愛を削除し，その5月17日は記念日「国際反ホモフォビア・トランスフォビア（IDAHOT）の日」になっている。

　日本の現状はどうであろうか。1993年に文部省は当事者団体の要望を受けて，『生徒の問題行動に関する基礎資料―中学校・高等学校編―』の記述が不適切と認め，同性愛を性非行の項目から削除した[4]。また，1995年に日本精神医学会も「同性愛は精神病理でない」という見解を公表した。1997年には，東京高裁で「東京都青年の家事件」の判決があり確定している。この裁判は，東京都の宿泊研修施設を利用した同性愛者の団体が他の利用者からハラスメントを受け改善を施設に訴えたところ，逆に利用拒否を受けたことに対するものであった。その判決では，「（東京）都教育委員会を含む行政当局としては，その職務を行うについて，少数者である同性愛者をも視野に入れた，肌理の細かな配慮が必要であり，同性愛者の権利，利益を十分に擁護することが要請されているものというべきであって，無関心であったり知識がないということは公権力の行使に当たる者として許されないことである。」と厳しく責任を問われている（風間・川口 2010）。2003年には性同一性障害特例法が成立したが，現在諸外国と比べると，戸籍上の性別変更の要件が厳しすぎ，断種を強いる性別適合手術

が欠かせないなど人権侵害にあたるとして，改正の要望が出されている。

　2012年，政府の「自殺総合対策大綱」が改正され，自殺のハイリスクグループとして，初めて性的マイノリティへの対策が盛り込まれた。「自殺念慮の割合等が高いことが指摘されている性的マイノリティについて，無理解や偏見等がその背景にある社会的要因の一つであると捉えて，理解促進の取組を推進する。」とし，また「教職員の理解を促進する」として研修・啓発の充実を文部科学省は掲げている。2017年の改訂では，重点課題として「性的マイノリティへの支援の充実」も謳われている。2023年にはLGBT理解増進法が成立した。

　文部科学省（2016）は，「性同一性障害や性的指向・性自認に係る，児童生徒に対するきめ細かな対応等の実施について（教職員向け）」という対応指針を公表した。また2017年に「いじめの防止等のための基本的な方針」を改定し，「性同一性障害や性的指向・性自認に係る児童生徒に対するいじめを防止するため，性同一性障害や性的指向・性自認について，教職員への正しい理解の促進や，学校として必要な対応について周知する。」と方針を明記している。しかしクラス全体のなかで多様な性を学び，お互いの多様性・人間性の尊重につなげる，という視点は記されておらず，各自治体や学校，教師にほぼ委ねられた形になっている[5]。

　「ホモ」や「おかま」といった差別的な言葉は，すでに小学生の段階で多くの子どもが知っており，性別に違和感を覚えるのは，早い子では幼稚園段階からいる。また思春期に入ると自分が同性愛者だと気づく子どもも多数でてくる。したがって，早くから，すべての子どもに対して段階的・計画的に教育を進めることによって性の多様性に対する理解を醸成し，性的マイノリティの子どもも十分に自尊心をもてるようにし，いじめを予防することが望まれる。早期から性教育を行うことについては，危惧する人も日本に限らずみられる。しかしながらユネスコが編集した『国際セクシュアリティ教育ガイダンス』（訳書，2020）では，世界の多くの調査から，性教育を早くから段階的に行うことで，性行動にむしろ慎重になり，望まない妊娠を減らす結果が得られたことを実証している。このガイダンスは5歳～，9歳～，12歳～，15歳～の4段階で学習内容を系統だてて示し，欧米やアジアなどの多くの国々の学校で活用されている。

第1部　子ども世界とジェンダー

4．一人ひとりの個性・性を大切にする学校・そして社会へ

(1) 自治体の取り組み

　日本では，近年自治体レベルで，時に地元の当事者支援団体や研究者等とも協力し，創意工夫が始まっている。いくつか例を挙げると，三重県や北九州市では，教育委員会の人権学習資料（小学校高学年）の冊子のなかで多様な性を取り上げている。倉敷市教育委員会（2017, 18）は，市内の10の小中学校で研究授業を行いその成果を公表・共有している。教育委員会と地元の支援団体などが協力して教職員向け手引書やリーフレットを作ったり（宝塚市，栃木県），加えて卒業した当事者の声を載せている例もある（大阪市淀川区や西宮市）。また多様な性について，ポスター（愛知県，富山市）を作成したり（図3-2），啓発のマンガ（大分県）を学校に配布した自治体もある。地域での当事者の子どものコミュニティスペース（居場所）や，専用の電話相談ダイヤルを設けている例もある（三成編（2017：1，3章），日高・星野編（2015）も参照）。とはいえ，まだ教員の研修段階にとどまっている自治体が多い。今後，居住地域に関係なく，すべての子どもに多様な性に関する教育を受ける権利を保障することが必要である[6]。

図3-2　愛知県・愛知県教育委員会による人権啓発ポスター（2016年）

出所）愛知県ホームページ（http://www.pref.aichi.jp/soshiki/jinken/310111.html）

(2) 学校・教師の責任と子どもの権利

　今日のグローバル社会において，性別やエスニシティなどさまざまな社会的

3章　性的指向と性自認

属性について多様性を尊重し，それを強みとする組織のあり方がダイバーシティとして重視されつつある。多様な性もその一要素と位置づけられる。子どもと接する際に，誰がLGBTかではなく，生徒一人ひとりの自分らしさと人格・人権の尊重を中心に据えた姿勢が求められている。どの子どもも，社会的属性によっていじめやハラスメントを受けることなく，学習権を保障されることが，学校では最優先に位置づけられなければならない。

　たとえば，どの教科でも多様な性についてとりあげ，子どもたちに考えさせることができるだろう。それらを通じて，また図書館や保健室などにLGBTに関する本を置き，多様な性について肯定的メッセージを子どもたちに折々伝えることは，隠れたカリキュラムとして，当事者の子どもの自己肯定感や自尊心を育むうえで重要である。校則や制服の見直しも進められている。それらは同時にすべての子どもの寛容性や柔軟性，人権意識を高めることにもつながる。

　教員としての関わりは，生徒だけでなく，その保護者への助言や支援もときに必要となる。また生徒の親が性的マイノリティであったり，同僚が性的マイノリティという場合もある。このため，学校には多様性の尊重という一貫した教育方針と教職員相互および学校外の専門職や機関との円滑な連携・協力が求められる。

おわりに

　ピンクシャツデーは，2007年のカナダの中高一貫校で起きた事件がきっかけで生まれた。ある日，9年生（中学3年生）の男子生徒がピンク色のポロシャツを着て登校したことで，「ホモ」（同性愛者の蔑称）とからかわれ暴行を受け，耐えきれずに帰宅してしまった。それを聞いた12年生（高校3年生）の男子生徒二人が相談して，みんながピンクのシャツを着てくれば…，と友人たちに呼びかけた。翌朝，二人が校門で前日に購入しておいたピンクシャツを配り始めたところ，ピンクシャツを着た生徒たちが次々と登校してきた。いじめられた生徒も，後日ピンク色のポロシャツを着て登校してきた。それ以来，その学校ではいじめがなくなった。これがきっかけで，現在カナダでは2月最終水曜をピンクシャツデーとし，いじめに反対する学校・企業・個人はピンクのものを

第1部　子ども世界とジェンダー

身に着ける。この運動は，日本も含め世界中に広がっている。自律的に周囲に働きかけてこうした取り組みができる生徒を育てる学校を，私たちは目指すべきではないだろうか。

［岩本健良］

> **考えてみよう**
>
> ① 自分が育った（または関心のある）市区町村で，多様な性・LGBTに関してどのような施策が現在行われているか調べてみよう。またその自治体の男女共同参画プランや人権教育・啓発計画（または条例）に，多様な性・LGBTに関する用語や方針が盛りこまれているか，調べてみよう。
> ② 多様な性・LGBTに関する最近のニュースをひとつ取り上げ，その話題をクラスで紹介するとしたらどのような科目・単元（内容）で生かせるか，具体的にプランを考えてみよう（可能なら複数科目で）。

【注】

1）「パスポートの性別欄に『第3の性』」『ニューズウィーク日本版』2017年04月26日（https://www.newsweekjapan.jp/magazine_special/2017/04/3_2.php　2018.3.1最終閲覧）
2）「Facebook, 50種の新しい『性別』を追加」『Wired』2014年2月17日記事　（https://wired.jp/2014/02/17/facebook-gender/　2018.3.1最終閲覧）
3）性的マイノリティの子どもは，異性愛でシスジェンダーの子どもと比べて，いじめを受けやすい。アメリカのGLSEN（2016）の調査ではセクシュアル・ハラスメントやネットいじめなどがより多いことが指摘されている。日本については，「いじめ追跡調査2013-2015」（国立教育政策研究所）の結果と対照すると，直接の比較は難しいが，身体的暴力が多いなどより深刻で，またいじめが長期続く傾向が伺える。
4）以前の1979年版では，「同性愛」を「倒錯型性非行」で「健全な異性愛の発達を阻害するおそれがあり，また社会的にも，健全な社会道徳に反」すると解説していた。
5）文部科学省の対応指針の特徴と課題は，三成編（2017）の4章にまとめられている（2022年の「生徒指導提要」にも共通）。なお，残念なことに採用試験適性検査で，いまだに性的指向や性別違和などを尋ねている自治体がある（三成編 2017：5章）。
6）筆者が中心に作成した「保護者や教師の方たちに役立つ資料」リスト（リンク付）が，「レインボー金沢」のサイトに掲載されている（https://www.rainbowkanazawa.jp）

【引用・参考文献】

いのちリスペクト。ホワイトリボン・キャンペーン（2014）「LGBTの学校生活実態調査（2013）結果報告書」（http://endomameta.com/schoolreport.pdf　2018.3.1最終閲覧）
風間孝・川口和也（2010）『同性愛と異性愛』岩波書店
釜野さおり他（2016）『性的マイノリティについての意識—2015年全国調査報告書』（http://alpha.shudo-u.ac.jp/~kawaguch/chousa2015.pdf　2018.3.1最終閲覧）
倉敷市教育委員会（2017，18）『性の多様性を認め合う児童生徒の育成Ⅰ，Ⅱ（人権教育実践資料2，3）』（http://www.city.kurashiki.okayama.jp/30449.htm　2019.1.27最終閲覧）
三部倫子（2014）『カムアウトする親子—同性愛と家族の社会学』御茶の水書房
タン，ルイ＝ジョルジュ編（2003＝2013）齊藤笑美子・山本規雄訳『〈同性愛嫌悪（ホモフォビア）〉を知る事典』明石書店
中塚幹也（2017）『封じ込められた子ども，その心を聴く　性同一性障害の生徒に向き合う』ふくろう出版
針間克己・平田俊明編著（2014）『セクシュアル・マイノリティへの心理的支援—同性愛，性同一性障害を理解する』岩崎学術出版社
日高庸晴監著，星野慎二ほか著（2015）『LGBTQを知っていますか？』少年写真新聞社
ヒューマン・ライツ・ウォッチ編（2016）『「出る杭は打たれる」—日本の学校におけるLGBT生徒へのいじめと排除』（https://www.hrw.org/ja/report/2016/05/06/289497　2018.3.1最終閲覧）
三橋順子（2008）『女装と日本人』講談社
三成美保編著（2017）『教育とLGBTIをつなぐ—学校・大学の現場から考える』青弓社
森山至貴（2017）『LGBTを読みとく—クィア・スタディーズ入門』筑摩書房
文部科学省（2016）『性同一性障害や性的指向・性自認に係る，児童生徒に対するきめ細かな対応等の実施について（教職員向け）』（http://www.mext.go.jp/b_menu/houdou/28/04/1369211.htm　2018.3.1最終閲覧）
ユネスコ編（2010＝2020）浅井春夫・艮香織・田代美江子・福田和子・渡辺大輔訳『国際セクシュアリティ教育ガイダンス—科学的根拠に基づいたアプローチ　改訂版』明石書店
ルベイ，サイモン（1996＝2002）玉野真路・岡田太郎訳『クィア・サイエンス—同性愛をめぐる科学言説の変遷』勁草書房
GLSEN（2016）*From Teasing to Torment: School Climate Revisited —A Survey of U.S. Secondary School Students and Teachers.*（https://www.glsen.org/sites/default/files/TeasingtoTorment%202015%20FINAL%20PDF%5B1%5D_0.pdf　2018.3.1最終閲覧）
UNESCO（2015）*Insult to Inclusion.*（侮辱から包摂へ）（http://unesdoc.unesco.org/images/0023/002354/235414e.pdf　2018.3.1最終閲覧）

コラム

制服の洋装化

　現在でも，宗教上の理由等によって服装を自由に選べない国等もあるが，日本ではそのようなことはなく，その日の天候や予定に応じて，あるいは好みに応じて，着る物を選ぶことができる。一方で，制服着用が規則となっている職業や学校も存在する。制服について，少し考えてみよう。

　制服は，和装が一般的だった日本の人々の洋装化過程において，重要な役割を果たした。洋装化は，明治期のさまざまな近代化政策の一環であったが，その普及は，まずは政治家や官僚，軍隊や警察といった政府直轄の職業集団から始まる。そして，1880年代以降には男子生徒の洋装制服が定着した。学校は西洋文化を普及させる機能をもっていたが，制服の洋装化は男性から，軍服を模した服装として広まったのである。一方，同時期の女性の服装は，皇族などの特別な階層の人々の間でこそ洋装が取り入れられていたものの，多くの普通の女性たちは和装で，女子生徒の制服洋装化は1920年代まで待たねばならない。

　なぜ，男女の洋装制服の導入に約40年もの開きがあるのだろう。その一因として，教育の普及が男女で異なっていたことが挙げられる。近代的な学校制度ができて女子も男子同様に学校に通えることになったが，女子に教育は不要であるとする価値観が強かったことなどから，女子の尋常小学校就学率の上昇は緩慢で，中等教育機関の発達も遅れていた。男子の制服は中等教育において定着したのだが，そもそも，女子にはそうした教育機会自体が開かれていなかったのである。

　とはいえ，女子に中等教育機会が開かれても，すぐに洋装化が進んだわけではなかった。女子が学校に通うにあたり，着物等の和装では西洋的学校空間に不都合だとして，男袴が導入されることになる。ところが，それは江戸時代でも武士しかはくことの許されない服装であったことから社会的批判がなされ，着流しに戻る。その後の欧化政策時にはバッスルスタイルが導入されたが，再び着流しに戻り，今度は女袴（スカート状），その改良服へと変化し，大正期には健母服，セーラー服と変遷した。男子制服の洋装化との間に40年の差があるだけでなく，その間，目まぐるしく変わってきたことがわかる。

　制服の洋装化は，女子中等教育をめぐる価値観だけでなく，女子の身体―活動性や女性らしさ―への社会的まなざしをうかがい知ることができる。現代における制服がもつ意味を，今一度，考えてみてはいかがだろう。　　[河野銀子]

第2部

学校教育とジェンダー

4 章　カリキュラム

キーワード

教育課程　　隠れたカリキュラム　　家庭科男女共修　　「3分の2法則」

はじめに

「男性が育休取ろうとすると，ダメといわれるらしい。前例がないというだけで。」

男性も育児休業取得が可能なのに取りにくい社会の現実に違和感をうったえる学生たち。学習指導要領の変遷をみながら「女子のみ必修」と書かれた科目があった事実を知って驚き，「家庭科なくてどうしていたのだろう」と疑問の声があがる教室。男女ともに家庭科を学ぶことが当たり前になっている今，大学の教室でこうした光景がみられるようになっていることが報告されるようになっている（藤田智子 2013など）。

1994年に高等学校で家庭科の男女共修が始まって20年以上が経った今，学生たちの疑問の根底には，生活や家族に関する基礎的な知識や基本的スキルを習得する機会をもたずして，いったいどうして生活者としての自立が可能なのだろうか，という思いがある。実際，それらの知識やスキルをもたずに苦労している中高年男性の恨み節として聞かれることもある。学校で家庭科を学べなかった男性がいるのは，なぜなのだろう？

本章では，カリキュラム——いつ誰が何をどれだけ学ぶのか——の諸相をみていくにあたり，まずは家庭科における男子疎外の問題から考えてみよう。

4章　カリキュラム

1．カリキュラム

　日本には，学校で家庭科を学ばなかった男性と学んだ男性がいる。ここでは，その背景を概観しながら，カリキュラムのとらえ方について考えていきたい。

(1) 家庭科
　堀内かおる (2008) によれば，家庭科という教科は1947年に成立したが，小学校でこそ男女とも学ぶことになっていたものの，中学校では職業科の選択科目として，高等学校では実業科の選択教科として位置づけられていた。その後，1958年の中学校学習指導要領改訂により，「技術・家庭」という教科ができ，男子向けの技術科に対して家庭科は女子向けと位置づけられ，高校（普通科）では1960年の学習指導要領において「家庭一般」が女子のみ必修とされた。この時，「男子は学ばない」カリキュラムとして公認されたことが，家庭科から男子を疎外することになった。

　こうして，家庭科は男子が学ばない教科として正当に位置づいてきたのだが，この経緯からわかるのは，「かつての男子」[1]の生活や家族に関する知識等の欠如は，当人たちの意欲の欠如というより，制度上の問題だということだ。もちろん，家庭においてそうした教育を受ける機会があった男性もいるだろうが，少なくとも，学校において正規のカリキュラムとして教わる機会は奪われていた。女子のみ必修と位置づけられる前の選択制の時期や男女別の教育制度だった戦前も含めると，中等教育以降において男性が家庭科教育を享受する機会はほぼ皆無だったことになる。

　しかし，現在の高校生は性別によらず家庭科を学んでいる。正当化されてきた家庭科からの男子疎外の問題は，いつ，どのようにして解消されたのだろうか。その契機は，女性差別撤廃条約への署名にある。この条約は正式には「女子に対するあらゆる形態の差別の撤廃に関する条約」といわれるもので，1979年の国連総会で130カ国の賛成によって採択され，1980年7月の国連世界会議

で署名式が行われることになっていた。ところが，日本は賛成票を投じたにもかかわらず，署名・批准の準備を進めていなかった。

政府が条約への署名を見送ろうとしている，というスクープが，1980年6月7日の『朝日新聞』一面トップに掲載された（進藤 2004）。記事によれば，署名は条約の批准を前提としているが，日本にはクリアしなくてはならない条件が最低でも3点あり，いずれも難しいというのである。そのひとつが教育に関することであった。同条約は男女別のカリキュラムを差別として禁じているので，日本が批准するためには，中学校の技術・家庭科や高校の家庭科，保健体育における男女別規定を修正する必要があった。だが，当時の文部省は「家庭科はすぐには変えられない」と述べている。家庭科からの男子の疎外は正当なものであり，そう簡単には変えられないと考えられていたことがうかがえる。

しかし，この記事を機に署名を求める機運が高まり，政府は同条約署名に向けて方向を転換する。教育に関しては1989年の学習指導要領において，家庭科を男女共修とし，保健体育における男女別規定を見直す旨を盛り込むことで，批准への道を開いたのである。条約署名の閣議決定は署名式を二日後にひかえた7月15日であった（山口 1992）というから，もし決定が遅れるようなことがあれば，男子の家庭科からの疎外は続いていたかもしれない。以上のような経過から，女子差別をなくす条約が，男子が家庭科を学ぶ扉を開いたことがわかる。

この出来事が示しているのは，誰が何をどこでどれだけ学ぶのか（学ばないのか），というカリキュラムの大枠の決定は，公的な判断として行われるということだ。男子が家庭科を学べるのか学べないのかは，一人ひとりの教師や生徒の意志を超えたマクロな次元での意思決定に左右されるのである。

(2) 教育課程

ところで，われわれは学校で何を学んでいるだろうか。「礼儀」や「集団行動」，「自主性」，「協調性」などと答える学生が多く，特定の教科で学んだ内容が語られることはほとんどない。社会人に問うても，その答えは大きくは変わらない。運動会やマラソン大会，合唱コンクールなどの行事やその準備過程を

挙げ，目標に向けてみんなで頑張るという今の会社員人生で重要なことを学んだと話したり，部活動やサークル活動で経験した上下関係や複雑な人間模様を挙げて，コミュニケーション力やマネージメント力，あるいはリーダーシップを学んだと話す人もいる。このような人々の語りは，われわれに，学校が子どもたちに各教科の内容にとどまらない多様で幅広い経験を与えていることを再認識させてくれる。

　では，法律上，学校は何を教えると定められているだろうか。学校教育の目的や目標は，学校教育法に規定されている。小学校の目的は「心身の発達に応じて，義務教育として行われる普通教育のうち基礎的なものを施すこと」（第29条），中学校は「小学校における教育の基礎の上に，心身の発達に応じて，義務教育として行われる普通教育を施すこと」（第45条），高校は「中学校における教育の基礎の上に，心身の発達に応じて，心身の発達及び進路に応じて，高度な普通教育及び専門教育を施すこと」（第50条）とされている。また，特別支援学校は「視覚障害者，聴覚障害者，知的障害者，肢体不自由者又は病弱者（身体虚弱者を含む。以下同じ。）に対して，幼稚園，小学校，中学校又は高等学校に準ずる教育を施すとともに，障害による学習上又は生活上の困難を克服し自立を図るために必要な知識技能を授けること」（第72条）が，幼稚園は「義務教育及びその後の教育の基礎を培うものとして，幼児を保育し，幼児の健やかな成長のために適当な環境を与えて，その心身の発達を助長すること」（第22条）が目的として明記されており，中等教育学校や義務教育学校にもこうした規定がある。

　また，それぞれの学校が教育目的を実現するために達成すべき目標が掲げられている。義務教育段階の普通教育については，教育基本法に規定された目的を実現するための10項目の目標が明記され，高校教育の目標については3項目が設定されている。各法律を見れば内容を確認することができるので詳細は省略するが，高校教育の目標のベースとなっている義務教育の目標はかなり網羅的な規定となっている。「国語」や「数量的関係」「科学的理解」などの教科と関連する知を含みながら，日常生活で必要となる「正しい」知識とスキルを養う

ことが示されている。そして，いずれの学校についても，教育課程の基準は文部科学大臣が定めることとされ，中央教育審議会答申に基づいて学習指導要領の原案が作られる。

このように日本では，各学校段階の目的や目標は法的に規定され，学習内容は国によって基準が示されている。けれども，こうした規定の存在や内容はそれほど知られておらず，個々の学習者が公式カリキュラムを明確に意識することも多くはない。子どもたちは，教えなくてはならないと定められている内容や教師側の意図する知識や技能以外のさまざまなことも学び取るのが実情だろう。つまり，学校教育を通して子どもたちが学ぶ内容は，国が定める基準より広いこともありうるし，基準を満たしていない場合もあるし，それらの意図とはズレることもあると考えられる。そのことは，学校で何を学んだか，に対する多様な回答からも推測することができる。

そこで，本章では，意図的に組織化され，明示的なメッセージをもつ公式カリキュラムだけでなく，明示的でなく意図的ではないメッセージもカリキュラムとみなす。後者は，ジャクソン (Jackson, P., 1968) によって「隠れたカリキュラム」といわれるようになった語であるが，学校教育のあらゆる側面に潜んでいる。また，正統な教科等の公式カリキュラムにも埋め込まれている。こうしたカリキュラムのとらえ方は，学校をジェンダーの視点で見る際の重要な鍵となる。次節で検討していこう。

2．学校教育の3つの次元

本節では，初等中等教育を念頭に置き，3つの次元で学校教育をみていくことにする。ひとつめは，その国の教育制度や学校体系などのマクロの次元，2つめは，マクロな次元で定められた教育を行うために使用する教科書や教材などのミドル次元，そして3つめはおもに教室のなかで教師と子どもが織りなす日々の相互作用などのミクロ次元とする。これら3つの次元は個別に独立して存在するものではなく，相互に関連をもつ。どのような教科を設定し，そこに

どのような内容の知識を盛り込み，どの学年の誰にどのように教えるのか，こうした学校で伝達する知識の全体枠組みは一教師や一学校というより，多くの場合，国レベルで選定され決定されている。つまり，マクロの次元である。そしてこの次元では，何を教えないかも決まる。さらに，マクロ次元の決定は，ミドル次元やミクロ次元のありかたを規定していくことになる。これらをふまえ，日本の学校教育の各次元について，ジェンダーの視点でとらえていこう。

(1) マクロ次元：制度としての学校（教育機会）

マクロ次元として，学校教育制度そのものをジェンダー視点でみておこう。

日本における近代的学校教育制度は1872（明治5）年の「学制」発布に始まる。四民平等の理念のもと，出身家庭（身分）にかかわらず学校教育を受ける権利が与えられた。それまで基本的には家庭内で行われていた女子の教育が，近代的制度において公の場で行われるようになったという点で大転換であった。

しかし，工業化政策がもたらした都市が伝統的社会の封建的家父長制的大家族から近代的家族への変容を促進した欧米と違い，日本の機械化は不十分で農民層の解体も生じなかったため，欧米と同じ変化が起こることはなかった（桑原 1999）。加えて，明治民法は家族国家観を土台としていたため，個としての人間の自立と尊厳とを価値規範とする都市型の近代市民を生み出すこともなかった（進藤 2004）。

このような社会背景のなかで進められた学校教育制度の整備は，女子の教育にどのような影響を与えただろうか。そこには相反する2つの影響がある。ひとつは，上述したように，男子だけでなく女子にも近代的学校教育をうける機会を開いたという画期的変化である。他方で，女子が受けられる教育の内容は変化しなかった。小山静子（1991）によれば，妻・嫁としての「従」を求められ，教育は不要とする江戸時代の女性観と違って，明治期には女子に対する教育の必要性が認識されるようになった。しかし，その根底にある女性観は前時代から変化しておらず，家事能力や婦徳の養成であったため，女子に必要な教育はこの範囲内に限られたという。女子教育の必要性が，主に国家から期待された

「母」役割に限定的な知であったことは，中等教育以降の教育に象徴されている。男子は，旧制高校や大学に連なる旧制中学校へ進学できたが，女子が進学できたのは高等女学校で，大学等をめざせるカリキュラムではなかった。

　以上のように，戦前の学校教育制度は初等教育でこそ男女ともに教育機会を与えられたものの，中等教育機関においては，教育年限や教育内容が，性別によって大きく異なっていた。女子が受けられる教育は，男子より期間が短く，その内容は家庭的なものに偏っていた。それに対して戦後の教育制度は，小中学校の9年間を男女共学の義務教育とし，高校においても，学区制・男女共学制・総合制が原則（「高校三原則」）とされたことによって，女子が大学等へ進学するのに必要な学習機会を制限していた制度上の障壁は取り除かれた。したがって，中等教育以降の男女間に存在した量的，質的な格差は飛躍的に解消したことになる。

　ところが，戦後の新教育制度発足から60年以上も経た現在においても，大学への進学率や専攻分野の選択など，男女間の進学実態には依然として差異がみられる（8章，9章参照）。こうした差がある背景には，教育の量的側面（年限）における男女差はなくなっても，教育の質（内容）における差異は残り，「二重構造」（小山 2009）ともいえる制度的状況が続いてきたことと関係している。

　先にみた家庭科の例を思い出そう。量的には男女差が解消した初等中等教育において，残っていた質的な差異が家庭科からの男子の疎外を生んでいた。このことは，男子の進学や就職にも影響を与える。家庭科を履修したことがなければ，本人も周囲も家政学・生活科学分野への進学を想定しないだろう。また，家政学あるいは生活科学関係の学部・学科の多くが女子大や女子短大に設置されている実態は，これらの専攻を選択しようとする男子を躊躇させると思われる。つまり，制度上，進学や専攻の選択機会が男女平等に開かれていても，その選択を可能にする学習を実質的に行っているわけではなく，このことが進学実態の男女間格差を生じさせていると考えられる。そこで，ミドルレベルやミクロレベルの実質的な状況をジェンダーの視点でみていく。

(2) ミドル次元：教科書

　制度的に男女平等が意図されているのに，現実との間に齟齬があるのはなぜなのか。ここでは，ミドルレベルとして，教科書[2]に関する研究（5章も参照）をみておこう。

　教科書は，教師が日々の授業で使用し，子どもたち自身がひとりで学ぶ際にも使用できる知識の束である。それは，国や地域などのマクロレベルの定めた教育課程に基づいて作成され，おもに教室内でのミクロな相互作用において活用される。教科書は，マクロレベルで定められたカリキュラムをミクロレベルで具現化するための媒体（メディア）としての機能をもっているといえる。

　教科書に関する研究では，取り上げられる人物の男女比や男女の描かれ方や記述のされ方，教科書作成者の性別構成などが分析される。たとえば，デュリュ＝ベラ（Duru-Bellat, M.）によれば，フランスの既婚女性の6割以上が働いているのに，教科書に出てくる女性のほぼ9割が主婦で，まれに登場する外で働いている女性は看護師や秘書などの「典型的な女性の」職業であり，また，物理や数学など「男性的な」科目の教科書では，女性への言及そのものが欠如していただけでなく，男子は電気の差し込み口を点検し，女子はショートを引き起こすというような性的偏見に基づく場面設定が見られたという（デュリュ＝ベラ訳書 1993）。フィンランドでも，1992年にエリナ・ラッヘルマら[3]が，総合制学校で90年代初めに使用されていた約30冊の教科書を分析し，ジェンダー問題について取り上げていたのは2冊だけであったと指摘した。また，職業指導の教科書の本文では，さまざまな職種で働いている人々の写真やインタビューすべてが，職業上の性差別やジェンダーによる分離を表していたという。

　日本にも，いくつかの調査がある。小学校全教科書を対象とした分析のうち，理科では，男女とも実験や観察に積極的に取り組む姿の写真が使用されているものの，挿絵には男子が能動的で女子が物静かに描かれる傾向があると指摘されている（21世紀教育問題研究会編 1994）。中学校理科教科書では，挿絵中の教師と生徒の男女比はほぼ同じであったが，著作者中の女性の数は極端に少ないことが明らかにされた（高槻ジェンダー研究ネットワーク 2002）。このほかにも，

第2部　学校教育とジェンダー

　中学校社会科の教科書執筆者のほとんどが男性で，取り上げられる人物も男性中心であるという指摘や（髙橋 2008），教科書会社による差こそあれ，高校の日本史や世界史の教科書でもジェンダーを意識した記述はほとんどないという指摘（久留島 2011，三成 2011）がなされている。

　これらの研究は，公式カリキュラムに基づいて作成される教科書が男女の性別に関するステレオタイプを含んでおり，それが隠れたカリキュラムとして機能し，「女の子らしさ／男の子らしさ」といった性役割を学習させてしまうと批判した。各教科の学習内容を示し，理解しやすくするための教科書だが，ジェンダー・バイアスを内包していることもあるので，知らず知らずのうちにジェンダー不公正なメッセージを伝えてしまうことを懸念している。

　教科書がジェンダーに中立でないことがあるのは，作成者の性別の偏りやジェンダー意識の不足だけでなく，その教科じたいがもつ教科観や教科の土台となる学問が拠って立つ学問観の影響もある。そもそも近代科学の成立過程において，学問は男性の領域とされてきた経緯があるため，マクロレベルでジェンダー・バイアスが組み込まれているかもしれないのだ。たとえば，歴史の教科書に女性が少ないのは歴史上活躍した女性は不在なのだから当然だ，と思われがちだ。しかし，「活躍した人＝為政者」という権力者中心の歴史観に立っているのではないか，と根本的に問うてみると，「歴史学＝政治史か？」「子どもたちに教えるべき歴史とは何か？」などのように，学問観や教科観を構成するマクロレベルがもつ社会観の再検討がせまられることになる。

　以上のように，教科書にみられるジェンダー・バイアスが指摘されるようになってきた一方で，修正の試みはまだわずかだ。小川眞里子（2011）によれば，2010年の高校生物の教科書（東京書籍）に，ノーベル賞を受賞した男性科学者の発見に大きく貢献したロザリンド・フランクリンを紹介する「ノーベル賞の陰で」というコラムや，レイチェル・カーソンの写真とともに『沈黙の春―生と死の妙薬』の解説が載せられたが，こうした取り組みはきわめて珍しいという。

　このように教科書には，マクロ次元の教科内容をミクロ次元での授業実践に

4章　カリキュラム

伝える媒体として，ジェンダーを再生産する機能がある。女性差別を標榜する学問や教科はなくても，学問観や教科観が西欧の白人男性中心の視点や経験に立脚している場合があり，それにしたがって教科書が作られると，教科書の使用によって，子どもたちにジェンダーに関する固定的なメッセージを伝えてしまうことになるかもしれないのだ。こうした状況を是正する試みとして，三成ら（2014）による『歴史を読み替える―ジェンダーから見た世界史』がある。従来の歴史学が暗黙理に内包していたジェンダー観からの脱却をめざし，高校の歴史教科書の単元に即して構成することによって，実際の歴史教育や教科書のあり方に大きな示唆を与える書となっている。また，次章でみるように同じ教科書でも解釈によって伝わるメッセージが異なることがある。

　このようなカリキュラム構成において，個々の教師がジェンダーの再生産に加担しないようにするのはそう簡単ではない。そのため，マクロレベルでの検討が期待されるが，教師レベルでできることもある。たとえば髙橋（2008）は，本文で「オンブズマン」と表記されている教科書を使いながらも，「オンブット」等の表現も使われることを巻末資料等に基づいて紹介するという。このような取り組みは，教科書に頼らずに授業ができ，教室統制にも長けたベテラン教師でないと実行が難しい。しかし，実践例が紹介され，教員間で共有されていくことで，教科書がもつ隠れたカリキュラム機能を乗り越えることが可能だと思われる。

(3) ミクロ次元：授業

　授業は，教室で行われる諸行為のうち，最もフォーマルなものであり，子どもたちにとって重要であるだけでなく，教師にとっても力量が発揮できる重要な場である。それは，所定の時間に，所定の教室で，所定の資格をもつ教員によって，同じ教科書や教材を使いながら進められる点で，江戸時代の寺子屋とは大きく異なっている。寺子屋も子どもたちが同じ空間に集まって学習する場であったが，それぞれの身分や性別に応じた教科書を用いて，それぞれが個別に学習を進めていた。それに対して，学校はマクロレベルで定められた諸条件

を満たすなかで一斉授業が行われている。したがって，性別による差別的処遇があるとは考えられず，そこにジェンダーの問題が発生したり，ましてそれを再生産したりするなどということが起こるはずはない。

しかし，その当たり前の見方に一石を投じる研究が，1970年代の欧州で始まる。教師と研究者の協力によって，「隠れたカリキュラム」が見出されるようになったのである。

たとえば，エヴァンス（Evans 1980）やドイツ学術振興会のプロジェクト（ファウルシュティッヒ＝ヴィーランド訳書 2004）などの授業観察において，教師は女子より男子と多くの相互作用をしていることが発見された。類似の傾向は他の観察からも得られているが，スペンダー（Spender 1980）は，教師と生徒の相互作用の3分の2が男子との間のもので，また教室での発言の3分の2が男子によるものだったという結果を「3分の2の法則」と名づけた（木村 1999）。こうした事態は，教師が男子とのコミュニケーションだけをとくに積極的に行うことによって生じるのではなく，教室内の統制に傾注することによって生じている。授業から逸脱したり，大声で質問攻めにしたりする児童によって教室が支配される状況を修復し，授業を進めようとすると，結果的に男子との相互作用が多くなってしまうのである。しかし，教師が教室の平穏を保つために，男子による教室支配を収拾しようと努力する間，まじめでおとなしい女子は教師に構ってもらえないまま過ごす事態に陥る。その結果，教室は女子に冷淡な環境となってしまう（Sandler 2000）のである。このように，欧米では，同じ授業時間内に男女が異なる経験をしていることを明らかにした研究が多数みられる（AAUW 1992，サドカー＆サドカー訳書 1996，デュリュ＝ベラ訳書 1993など）。日本では，小学校における観察を行った木村涼子（1997）が女子の「沈黙」や男子による教室支配の実態とその背景について分析しているが，研究蓄積は少ない。

授業観察に基づく研究は，教師と生徒の間の相互作用の時間的な差異だけではなく，内容にも差異があることを明らかにした。たとえば，AAUW（米国大学女性協会）（1992）のレポートでは，深く考えるような発展的な会話を教師

と交わしたり，成長のステップとなるような発展的対応を得たりしているのは男子に多く，授業における教師から生徒への働きかけに性別による不公正があると指摘した。教師からの支援や励ましを受けられないことは，学習意欲を高めにくく，また自尊心を損なったり無力感を抱いたりすることにつながりやすいといわれているが，女子の方がそうなりやすい状況に置かれているのである。

　また，授業方法そのものが女子の関心に合わないケースがあることも観察された。たとえば，競争的な相互作用スタイルで進められる授業は男子の参加を促すが，女子の参加を促すことにはならず，結果的に女子の学習機会を狭めているという（ソノウルシュナイッヒ＝ヴィーノッド訳書 2004）。日本の理科の問題解決学習の効果を検討した藤田剛志（2006）は，同じ授業でもその効果が男女によって異なり，女子では協力して学び合うときに学習意欲が高まると指摘している。また，理科の授業で行われるグループでの実験では，実験への関わり方に男女で違いがあることが観察されている。実験の準備や記録を熱心に行う女子と実験のハイライトの部分を行う男子の非対称性が見られたという（中澤 2004）。

　これらの授業観察は，教師たちの教室統制のための努力や答えを導くための発問が，男子の学習支援にはなっても，女子に同じような効果をもたらさないことや，授業の構成や方法によっては女子が授業に参加していない状況やしづらい状況を生み出していることを描き出した。ミクロレベルで生じるこうした小さな相互作用が繰り返されているうちに，男女が異なる進路を選択するようになっていくと考えるのは十分に妥当なことである（8章参照）。

　学校がジェンダーの再生産装置と化しやすいのは，こうしたメカニズムがあるからである。しかし，「隠れたカリキュラム」という概念を知り，それを見ようとすれば，教師が自らの教育実践を振り返り，変えていくことができる。ジェンダーの視点は，多様な人々が個を尊重されながら共生していく社会にとって重要であり，子どものうちからそうした視点や価値に気づくことは日本社会の将来にとっても有益である。欧米では，教師たちの行為が「隠れたカリキュラム」として機能してしまう現実を受け止め，改善のための取組みや研修

が行われてきた[4]。こうした取組みから学べることは多いのではないだろうか。

3．今後に向けて

　以上のように，広い視点でカリキュラムの諸相をとらえると，学校教育のさまざまなレベルにジェンダーの問題が潜んでいることがうかがわれた。状況の改善を考えるにあたって，法的拘束力が強い日本においては，マクロレベルでの再検討に大きな期待がかかる。しかし，前述したように，ミドルレベルやミクロレベルでもできることはある。国内外の事例を参考に，各地域や学校に適した取組みがなされていくことで，子どもたちが性別にかかわらず授業に積極的に参加し，よりよい市民として成長していくことができるだろう。

　教育は，社会変化とともに大なり小なり変わるものであり，未来の社会を担う子どもたちには，それにふさわしいカリキュラムを提供する必要がある。ジェンダーの視点でカリキュラムを再検討することは，その一手段であり，さらなる研究や，教育実践と研究の連携が望まれる。

［河野銀子］

考えてみよう

① 小中学校の教科書を題材として，ジェンダーの視点で挿絵や写真，記述や執筆者などについて検討してみよう。

② 学校教育を振り返って，ジェンダーに関する隠れたカリキュラムとして機能したと考えられる場面を思い出してみよう。

【注】
1）小高（2006）において，1994年より前に高校に入学した男子を指す語として使用されている。
2）教科書そのものの定義は，次章を参照。
3）Eline Lahelma & Tuula Gordon（1997）*Gender and Educational Policies in Finland*, p.10　ただし，橋本（2006）p.103．より引用。

4）たとえば，アメリカにおける「ティーチング・スマート（Teaching SMART）」
（https://sites.google.com/site/teachingsmart/　2018.3.1最終閲覧）

【引用・参考文献】

小川眞里子（2011）「科学史教育とジェンダー」長野ひろ子・姫岡とし子編著『歴史教育とジェンダー——教科書からサブカルチャーまで』青弓社，pp. 197-213

木村涼子（1997）「教室におけるジェンダー形成」『教育社会学研究』第61巻，東洋館出版社，pp. 39-54

木村涼子（1999）『学校文化とジェンダー』勁草書房

久留島典子（2011）「高校の日本史教科書にみるジェンダー」長野ひろ子・姫岡とし子編著『歴史教育とジェンダー——教科書からサブカルチャーまで』青弓社，pp. 121-148

桑原雅子（1999）「ジェンダーと科学技術Ⅱ」『研究紀要』第8号，桃山学院大学教育研究所，pp. 1-48

小高さほみ（2006）「男性が家庭科教員になることに伴うアイデンティティの変容——ジェンダーバリアーの顕在化に着目して」『ジェンダー研究』第9号，お茶の水女子大学，pp. 105-128

小山静子（1991）『良妻賢母という規範』勁草書房

小山静子（2009）『戦後教育のジェンダー秩序』勁草書房

三成美保（2011）「高校世界史教科書にみるジェンダー」長野ひろ子・姫岡とし子編著『歴史教育とジェンダー——教科書からサブカルチャーまで』青弓社，pp. 91-119

三成美保・姫岡とし子・小浜正子編（2014）『歴史を読み替える——ジェンダーから見た世界史』大月書店

サドカー，M.・サドカー，D.（1994=1996）川合あさ子訳『「女の子」は学校でつくられる』時事通信社

進藤久美子（2004）『ジェンダーで読む日本政治——歴史と政策』有斐閣

高槻ジェンダー研究ネットワーク（2002）『中学校教科書のジェンダー・チェック』

髙橋美智子（2008）「ジェンダー視点と中学校社会科教育の課題」『国際ジェンダー学会誌』第6号，pp. 9-24

デュリュ＝ベラ，M.（1990=1993）中野知律訳『娘の学校——性差の社会的再生産』藤原書店

中澤智恵（2004）「学校は理科嫌いをつくっているか」村松泰子編『理科離れしているのは誰か——全国中学生調査のジェンダー分析』日本評論社，pp. 39-52

21世紀教育問題研究会編（1994）『小学校全教科書の分析』労働研究センター

橋本紀子（2006）『フィンランドのジェンダー・セクシュアリティと教育』明石書店

第 2 部　学校教育とジェンダー

ファウルシュティッヒ＝ヴィーランド，H.（1995=2004）池谷壽夫監訳『ジェンダーと教育—男女別学・共学論争を超えて』青木書店
藤田剛志（2006）「問題解決学習と学習意欲」長洲南海男編著『新時代を拓く理科教育の展望』東洋館出版社，pp. 122-132
藤田智子（2013）「大学生の「家庭科」に対するイメージに見る男女共修家庭科の意義と課題」『名古屋女子大学紀要』59，pp. 1-12
堀内かおる（2008）「男性家庭科教員のキャリア形成—男女共同参画の象徴を超えて」『国際ジェンダー学会誌』第 6 号，pp. 25-42
山口みつ子（1992）「女性諸団体の女性政策に対する合意形成過程—全国組織50団体の連帯と行動」『女性学研究』第 2 号，勁草書房，pp. 53-70
AAUW（American Association of University Women Educational Foundation）（1992）*How Schools Shortage Girls : The AAUW Report.*
Jackson, Philip（1968）*Life in Classroom*, NY, Holt, Rinehart and Winston.
Sandler, Bernice R.（2000）Education: Chilly Climate in the Classroom, in Cheris Kramarae and Dale Spender eds., *Routledge International Encyclopedia of Women: Global Women's Issues and Knowledge 1*, Routledge, pp. 481-482.

5章　教材解釈

キーワード

教科書分析　　教材解釈　　男らしさ・女らしさ

はじめに

　教科書教材（以下，教科書と呼ぶ）は，児童・生徒と教師にとっての基本的な学びの道具であり，授業の多くの時間を占めて使われている。その教科書のなかに書かれる内容は，家族の会話のなかにも登場し，価値観形成の要素ともなる。またその記述は，正当な情報として広く伝えられることから学校や家庭での学習という範囲を超えて広く社会に影響力をもっていると考えられる。さらに，前章でみたように，教科書は隠れたカリキュラムとして機能している。

　本章では，ジェンダーの視点からこれまでの教科書をめぐる状況を把握し，ジェンダー平等を促進させる手段としての可能性を広げることについて考える。ユネスコが，「教科書は全ての人のための教育とジェンダー平等，人権と平和のための教育にとって重要な手段となり得る」と述べているように，これらの世界共通の価値の普及に向けて，社会の変化を促す強力な手段であると考えられている（UNESCO 2009, p. 7）。

　ここではまず，教科書の見直しをめぐる国際的な動向を概観した後に，具体的に小学校国語教材を例に，固定的な性別役割分業や男女の性格設定がどのように描かれ，ジェンダー化された描写がどのように入り込んでいるかを分析する。さらに，教材の解釈について具体例をあげて考察する。小学校2年生国語教材『スイミー』をもとにして，教師の教材解釈の傾向を把握し，解釈が異な

ると主人公と他の登場人物の役割や関係が異なり，全く違った内容の指導が行われることがあることを明らかにする。

　これらを通して，教師と生徒との関係のなかで，家庭や地域のなかで，あるいは教科書に関わるすべての人々の間で，教科書を注意深く使うことや教科書を改善することに関心が向けられるようになることをめざす。

1．教科書とは何か

　教科書は，子どもたちに，読み書きをはじめさまざまな知識を与えることにより多様な情報へのアクセスを可能にするものであり，無償で提供されることも多い。それは，批判的な思考力や自立心，創造力等を育て，成長を促す学習資源であるとともに，社会的な行動や規範，価値観のモデルを直接的間接的に子どもたちに伝える社会化機能をも有している。そこには，人と人，人と社会や自然との調和的な関係の構築と維持を図ろうとする意図や願いがある。

　このことは，教科書が教育や社会を改善する手段ともなり得ることを示している。したがって教科書を作るにあたっては，どういう知識をどういう順序で教えるべきかと同時に，どのような価値や規範を選び，どのように描写するかということが重要になってくる。教科書が伝えるメッセージは，より良い社会に向けた健全なものでなければならず，その重要なメッセージのひとつとして「ジェンダー平等」がある。

　多くの文化で女児と男児，女性と男性の間の違いや役割は自然なことと見なされてきた。子どもは，誕生と同時に通常その性器を見るだけで女か男かに分類され，その性別に基づいて一定の態度や振る舞いが期待される。社会全体がこの基本的な社会的分類で構成され，かなりの程度で個人の生涯を支配する。

　学校や教科書はこのジェンダー役割を学ぶ場ともなってきた。学校や教科書のなかでの女性や男性の表現は，価値のある正しい情報とされやすい。いったん，子どもたちに吸収されると，男女の関係を組織する一連の知識や行動，規範や信念が形作られ，その後の学習や経験に影響を与えるようになる。ジェン

ダー役割規範は，多くの国で女子の学習達成や進学に負の影響を与えてきた。

2．教科書の改善をめぐる国内外の動向

(1) 国外の動向

　1960年代末，欧米で起きたフェミニズム運動[1]のなかで，教育分野での男女平等を求めてカリキュラムや教科書教材の見直しが始まり，登場人物や挿絵に描かれている人物の性別比や男女の描かれ方が調べられた。

　アメリカでは，教育法修正条項第9編（1972年）において，「教育施設あるいは教育計画からいかなる形の差別も受けることは許されない」とし，アメリカ下院議会「教育・労働委員会機会均等小分科会」公聴会の公立小学校教科書特別専門委員会報告書（1973年）は，「子どもたちが，毎日教科書で見る大人は，これらの教科書に出てくる子どもたちと同様，性によってステレオタイプ化されている。男性はほとんどあらゆる職業についている人間として描かれているが，女性は伝統的な女性の職業にのみたずさわっている。母として妻として女性は伝統を守るように求められている」とし（伊東他 1991, p. 213），教科書にあらわれている固定的なイメージに基づく男女の描かれ方を問題とした。また，1975年に，同「教育・労働委員会」主催「職業教育における性差別と慣習」に関する公聴会は，女性を「職業選択のできる多能な賃金労働者」として養成する道として，「教材では従来男子の仕事や役割と思われたものには女子の挿絵を，女子の仕事や役割と伝統的に見られたものには男子の挿絵をいれるべきである」と勧告している（伊東他 1991, p. 241）。

　出版社もガイドラインを作成し，大手教科書会社マックミラン社の「教育関係図書のためのガイドライン」（1975年）では，その前書きに，大切な仕事をしている男子と側で立って見ているだけの女子という挿絵を例にあげて，「子どもたちが教科書から社会の特定のグループに対する意識を学習し，性別や人種によって人間の価値が異なるのだ，と結論づけてしまう可能性を懸念し，教科書会社の社会的責任」を示した（深尾 1982, pp. 142-145）。

カナダでも同じような取組みがみられる。オンタリオ州教育省は，女子生徒に対して積極的な進路指導を行うこと（1974年「教育政策覚え書き」），女性教員の校長等管理職への積極的任用を行うこと（1976年「教育政策覚え書き」）などの方針とともに，カリキュラムの基本方針として，男女の性役割に関する固定観念（sex-role stereotyping）を除去する政策を進めた。そのガイドラインのひとつとして，第11～13学年（日本では概ね高校1～3年生）の家庭科は，女子だけでなく男子にとっても価値あるものであって，女子のみに限ることは適当ではないとした（文部省大臣官房 1981, pp. 159-161参照）。

(2) 国内の動向

一方日本では，4章でもみたように，1960年の学習指導要領告示以後，1963年から高等学校普通科で，1973年からすべての高等学校で「家庭一般」を女子のみの必修科目とする教育課程が実施された。これは，「女子の特性に応じた教育的配慮」（中央教育審議会『後期中等教育の拡充整備について』1966年）による措置とされる。すぐに市川房枝の呼びかけで，1974年「家庭科の男女共修をすすめる会」が発足し，賛意をよせる人の数は数千名に達したという（半田 1986, pp. 18-21参照）。

1975年には，「国際婦人年をきっかけとして行動を起こす女たちの会」が発足し，教育分科会のパンフレット『女はこうして作られる―教科書の中の性差別』『翼をもがれた女の子―学校の中の性差別』等が出された（駒野 1986, pp. 27-44参照）。日本教職員組合婦人部（現・女性部）も教科書点検を行い，食事作りは母親の仕事として描いている小学校1年生社会科教科書「うちのしごと」や国語教材のなかに固定的な性別役割描写や男女の性格設定があることを指摘した（奥山 1975, pp. 26-29参照）。

(3) ユネスコの動向

ユネスコは，すべての子どもたちが学校に行けるようになることを重要課題としてきたが，「国連女性の10年：平等，発展，平和」世界会議（コペンハーゲ

ン，1980年）以後，教科書における性差別の調査を積極的に行うようになった。アフリカ，アメリカ，アジア，ヨーロッパ各国で教科書分析が行われ，『ステレオタイプをなくす！　児童文学や教科書からの性別主義の解消』が報告された。以後，数多くの研究が行われ性別主義を明らかにし，その解消を推進する役割を果たしてきた。

　しかしこれらの研究は方法上の問題があるとされた。ジェンダー・ステレオタイプの把握について，「伝統的・非伝統的」あるいは「高い地位・低い地位」というような確定できない分類で情報が集められていたり，調査が質的・量的に限られたものであったりしたため，比較できる範囲が狭く全体的な把握が困難であることが浮かび上がってきた。また，教科書を変える必要性やどのように変えるかということについて，国の担当省や教員研修機関，教科書作成関係者への働きかけが欠けていた点にも問題があるとされた。

　そこで新しいアプローチとして，単に性別主義的な表現を指摘するだけではなく，以下のように教科書のジェンダー構成全体を把握することが提案された。

　ひとつは，登場人物（女性，男性，少女，少年，他）とその役割（主人公，他）や活動内容（家事，公的な仕事，レジャー，社会活動等）を量的に把握し，比較を可能にすることである。また，調査対象や期間を拡大し変化の過程を把握することができるようにすることである。たとえばアメリカの高等学校で使われた世界史教科書の索引に載っている女性の割合を，1960年代，1980年代，1990年代の各10年間で調べたところ，3.2％，5.9％，10.6％と変化していることがわかった（UNESCO 2007, p. 16）。

　もうひとつは，挿絵も含めてジェンダー構成を把握することである。挿絵は，比較的広いスペースを取り目を引くが，登場人物の服装（スカートやズボン，色等）や髪型，装飾品など文章にないものも表現する。文章と挿絵および両者のつながりに注意を払い，さらに説明部分や練習部分等を含めてどのように知識が組み立てられるかを検討することが必要である（UNESCO 2009, pp. 28-29参照）。

　国語科や社会科の教科書には，社会を反映する描写が多いと思われている一

方で，算数科の授業は中立で，そのような描写はないとみられている。しかし，抽象的な思考をよりわかりやすくするために，子どもたちの日常の生活が引き出されて説明されることは多い。算数の授業や教科書にも，ジェンダー化された登場人物が現れ多くの社会的表現を伝えており，注意が必要である。女性は数学が苦手である，男性は文学や言語が苦手であるとされるなど，教科に対する男女の得意不得意の傾向を「自然なこと」とする見方を改善しようという意向を背景とした教材の研究も行われている（UNESCO 2009, pp. 30-31参照）。

　2000年に，ユネスコ，ユニセフ等の主催による「世界教育フォーラム」が開催され，「遅くとも2015年までに，全ての段階の教育がジェンダー平等を達成すること」という目標が採択された。それ以降，ユネスコによる「ジェンダーと教科書」に関するセミナーが発展途上国等で開催され，また「教科書の中のジェンダーバイアス」についての調査報告書が発表されている。日本も国際協力を進めると同時に，国内の教科書教材等の検討も継続して行われることが求められる。

3．教材とジェンダー　—男らしさ・女らしさ—

　国語教科書のなかに掲載される文学作品は，従来の文化や社会・経済の影響を受けそれを反映する。文学教材のなかの固定的なジェンダー描写を例示したものが表5-1である。これを見ると，ほぼ同年齢の女子と男子が登場し，男女の対比的な表現がみられる。女性については，「かわいい」，「美しい」など容姿への言及がたびたびみられ，それが重視されることを暗示している。挿絵に注目すると，女性に一貫して橙色（だいだい）が使われている教材もある。

　創作民話を教材化した『力太郎』は，次々と戦って負かした相手を従えていく力太郎と，ばけものにねらわれた無力な長者の娘が描かれ，最後に戦いに勝った力太郎と助けた娘とが結ばれるというストーリーである。戦いに勝つことで男性間の上下関係が決定されている。「ばけもの」という敵を設定し，「戦い」は「むすめを助けるため」として正当化されている。「暴力と武器の使用」

表5-1　小学校国語教科書のなかのジェンダー描写例

女児・女性に関する表現	男児・男性に関する表現

1．2年用「力太郎」（光村図書，1992〜2001）

なきながら，「ばけものがおっかねえからです。」と答えた。	金ぼうをぶるんぶるんふり回してかかっていった。
「ことしはわたしの番。もう，どうしようもありません。」	いきなりあい手を下からぐわんとけり上げた。「んぎゅっ，むう。」

2．2年用「ひっこしてきたみさ」（教育出版，1980〜）

なき虫のちいちゃんなどには，とてもしんせつでした。	ひろくんは，クラス一のあばれんぼうでした。

3．3年または4年用「夕鶴」（教育出版，1974〜）

色の白い，ほっそりとした女の人でした。	
つうはやさしくてよく働く，ほんにいいおよめさんでした。	「どうしてもぬのをおれ！　おらないと承知しないぞ！」

4．4年用「白いぼうし」（光村図書，1980〜）

おかっぱのかわいい女の子	元気そうな男の子
エプロンをつけたままのお母さん	

5．5年用「わらぐつの中の神様」（光村図書，1977〜）

お母さんが台所で夕ご飯の後かた付け	お父さんはとまり番で帰ってきません。
おみつさんは，特別美しいむすめというわけではありませんでしたが，体がじょうぶで，気立てがやさしくて，	この大工さんが，なんだかとてもたのもしくて，えらい人のような気がしてきたのです。

6．6年用「どろんこ祭り」（光村図書，1977〜1991）

せっちゃんはおきゃん（おてんば）で，まるで男の子みたい。	もっともっと，せっちゃんの首筋に，ほっぺたに，どろをぬり付けた。
いつものせっちゃんらしくなく，おろおろしていた。そこで初めて，二人とも，本来の男の子，女の子に立ちもどったみたいだった	やんちゃな男の子みたいに，力をこめてせっちゃんの手を引っ張って起こしてやった。

と「目的達成」が男性役割として描かれている。勝因は下から蹴り上げるという行為であるが，手段を選ばない暴力が知恵ある行為として賞賛され，問題を暴力で解決することが描かれている。一方，娘は無力に描かれ，名前もない。この教材には「男らしさ＝暴力」「女らしさ＝無力」というメッセージが埋め込まれていることがわかる。

『どろんこ祭り』のなかの「本来の男の子，女の子」という表現や，暴力的な行為を契機とする性認識の自覚という設定に対しては，健全な異性観の育成という点で問題があるという指摘がなされてきており（伊東他 1991，p. 39や深川 2002，pp. 90-91参照），1992年以降は掲載されていない。

今後も，挿絵を含めたジェンダー構成や暴力表現の把握や，比較を可能にする量的な調査，教科書の変化の過程を把握する調査などがさらに進められ，教科書の改善に資することが求められる。

4．教材解釈とジェンダー　―レオ・レオニ原作『スイミー』から―

（1）検討内容と方法

ひとつの教材でも教師の教材解釈によって，内容や登場人物のとらえ方は異なってくる。教材解釈とは，教師が行う一定の教材研究による理解とさらに主観的・個人的な生活経験のなかで形成されてきた暗黙的な前理解に基づいて行われる理解の仕方の総体と考えられる。

本節では，主人公の役割に対する教師の期待やジェンダー観が関与してくる例として，1977年以降掲載されている小学校2年生国語教材『スイミー』（レオ・レオニ作，谷川俊太郎訳，光村図書 2013，学校図書 2013）を取り上げ，挿絵も含めて教材全体を検討する。

これまで教科書の『スイミー』は，協力して敵を追い出す戦いストーリー（以後，warモデルと呼ぶ）として解釈されてきたが，見方を変えると傷ついた仲間をケアし美と自由を求めるストーリー（careモデルと呼ぶ）とも受け取ることができる。解釈によって，男性である主人公のスイミーが戦いのリーダーなのか，ケア

や芸術家としての役割なのか異なってくる。どちらの解釈を取るかは，教師の，あるいはその時代の社会がもつ価値観やジェンダー観が関与してくることが考えられる。

原作絵本『スイミー』（1963）は，優れた児童図書に贈られるアメリカ図書館協会のコールデコット賞を受けた作品である。原作→訳本→教科書教材→授業実践と各過程の検討を行うことで，一定の教材解釈がどのように形成されていったのかを検討する。授業実践としては，『スイミー』の単元全体の授業記録が掲載されている7実践（1989～1997年の間に出版された授業研究書に掲載された授業記録）を対象とした。なお，これらの実践者，実践研究者はすべて男性である。

（2）原作→訳本の過程―武器と敵の設定

原作絵本と訳本とを比較すると，絵は全く同じで訳文もほぼ忠実であるが，突出した感のある訳語が「ミサイル」である。

(原文) One bad day a tuna fish, swift, fierce and very hungry, came darting through the waves.
(訳文) ところが あるひ，おそろしいまぐろが，おなかすかせて すごい はやさで，ミサイルみたいにつっこんで きた。

まぐろがやってくる場面で，原作では"came darting（矢のように）"という速さを表す慣用句の部分を，谷川は「ミサイルみたいに」という直喩で表現した。武器の登場によってまぐろが「敵」となり，攻撃性が強調されている。

また，レオニは"SEE"と"THINK"を大文字で強調したが訳本ではそれは示されず，"SEE"に相当する訳語もない。"SEE"と"THINK"は原作の主題であると考えられる。

(3) 訳本→教科書の過程―「見る（SEE）」過程の短縮

　教科書では，14場面中9場面あるいは7場面の絵が削除されている。そのほとんどは，「海の中のすばらしさ・おもしろさ」を表した部分である。この「見る（SEE）」過程はスイミーにとって，恐怖と喪失体験による深い悲しみ（グリーフ）からの回復（レジリエンス）の過程であり，「見ることによる救済」「治癒（heal）のプロセス」である。読者もその「プロセスに寄り添う」部分である（内田 1980, pp. 190-191参照）。しかし原作絵本の中心部分であるスイミーの回復過程が短縮されると，物語の初めと終わりの部分が接近し，まぐろに襲われたスイミーが小魚とともにまぐろを追い払うという戦いのストーリー，つまりwarモデルに変質しやすくなる。団結して組織を作り，リーダーの指示に従って各自が役割を果たし敵と戦うという解釈が生じる。

　しかし，原作ではスイミーは回復しさらに"happy"になっていたのである。サバイバーであるスイミーは怯える小魚たちに共感し，自らの回復の過程である素晴らしい世界に誘おうとする（careモデル）。大きな魚になるという行動はその目的のためであり，まぐろを追い払うためではない。スイミーたちの見て回る行動が結果としてまぐろを追い払ったと考えられるのである。

　原作から訳本へ，訳本から教科書へのそれぞれの過程で改変があり，敵の設定と攻撃性の強調，悲しみの回復過程の短縮による小魚へのケア行為の見落としが起きたこと，つまり，careモデルよりwarモデルが選択されたことが考えられる。では，実際の授業にそれがあらわれているだろうか。

(4) 教科書教材→授業実践の過程―教師＝生徒間の「戦争」会話の付加

　7実践中4実践は，「ミサイル」という言葉と「戦争」を結び付け，実際に図鑑・事典を使ってミサイルの説明をしているという報告がある。「ミサイル」という語が影響して，授業では捕食関係を戦争に，捕食動物を破壊兵器に喩えることが起きている。つまり，warモデルを採る実践がみられる。一方，このような実践について，教師のなかには疑問がなかったわけではない（市毛 1987, 岸岡 1987）。また，捕食―被食関係は，「食うか食われるか」の競争とも

5章　教材解釈

人類の戦争とも異なる。実際には多様な実践の可能性があるのである。

(5) スイミーの役割と赤い魚たちとの関係

　レオニ自身は，スイミーの役割は「芸術家としての役割」（鶴田 1995, p. 56）であると述べていることから，careモデルに相当すると考えられる。

　ところが実践では，黒色の男性であるスイミーは，「エリート・選抜された最上層7％の企業戦士の姿」，「指導者」，「集団のリーダー」としており，なかには「一方は指導者（リーダー），他は力をもたないただの集まり」「烏合の衆にすぎない」と言い切る実践もある。学習指導書（光村図書 2005）は，スイミーを「児童にとってあこがれであり，かっこいいヒーロー」として称賛する。恐怖体験からくる怯えや無力感への共感は薄い。リーダーとしてのスイミーとそれに従う赤い小魚という上下関係でとらえており，教師のジェンダー観も立ち現れているともとれる。

　見る（SEE）ことで回復したスイミーは，怯える小魚たちにどのように見せる（SEE）かを考えた（THINK）のである。相手のニーズに応えようとするスイミーとその提案に従おうとする小魚との関係は，ケアする者とされる者の応答関係であり，ケアリング関係であるととらえることができる。

　このように，原作の主題とは異なり，授業実践では敵の設定と敵を追い出すこと，そのための「優れたリーダー性」と「協力し合うこと」が強調されていた。そこには訳者や教師，授業研究者や当時の社会がもつ価値観やジェンダー観が関与していることが推測される。さらに訳文や教科書の挿絵の省略などが，解釈の仕方に影響を与えたものと考えられる。

おわりに

　本章では，教科書および教材解釈についてジェンダーの視点で検討してきた。1970年代以降，男女の平等に向けた教科書の見直しが指摘されてきたが，現行の教科書のなかにも無意識のうちに固定的なジェンダー描写が含まれることがあることがわかった。しかし，そのような教材であってもジェンダーの視点を

もって気づきを与えることは可能であり，またそれが求められる。

　教材解釈の例にあげた『スイミー』は，弱さ（vulnerability）や回復への注目，暴力性がなくケアリングを重視する生き方，ケアされる人のニーズに応答しながらも上下関係ではない在り方を提起するものである。しかし，個々の教師がジェンダーを含む人間関係や社会をどのように構想するかによって，その解釈が変化し教育実践に反映されることがうかがわれた。教科書をジェンダー平等のための教育の手段として使いこなせる教師の力量形成が，求められている。

〔木村松子〕

考えてみよう

① 表5-1に示されている教科書のなかのジェンダー描写についてあなたはどう考えたか，異性を含めたグループで話し合ってみよう。
② 『スイミー』の教科書教材を読み，あなたはwarモデル解釈を取るかcareモデル解釈を取るか考えてみよう。また，原作や訳本と読み比べてみてそれが変化するかも確かめてみよう。
③ あなたの出身地域では，誰が「地域の偉人」として学校で取り上げられていたか思い出してみよう。そのなかに女性はいただろうか。

【注】
1）伝統的な男女観や性差別的な慣習の上に位置する政治や経済，社会や文化の変革を求める女性解放運動。第二波フェミニズムともいわれる。

【引用・参考文献】
市毛勝雄（1987）「スイミー教材研究を読んでの感想」『教育科学　国語教育』No.377. 明治図書，pp. 88-89.
伊東良徳・大脇雅子・紙子達子・吉岡睦子（1991）『教科書の中の男女差別』明石書店
内田美恵（1980）「編集後記『見ることによる救済』」レオ・レオーニ，松岡正剛『間の本』工作舎
奥山えみ子（1975）「国際婦人年を迎えて　改めて，婦人部活動のあり方を問う」日本

教職員組合『教育評論』1975年8月号
岸岡浩子（1987）「授業に生きる教材研究　小学校」『教育科学　国語教育』No.377. 明治図書, pp. 84-85.
木村松子（2009）「教材解釈におけるwarモデルとcareモデルに関する一考察―レオ・レオニ『スイミー』を中心として」日本学校教育学会『学校教育研究』24号, pp. 126-140
駒野陽子（1986）「雇用の男女平等を求めて」日本婦人問題懇話会『会報No.45　特集　いま, 女性の運動は』
谷川俊太郎（2003, 初版は1969）『スイミー』好学社
鶴田清司（1995）『「スイミー」の〈解釈〉と〈分析〉』明治図書
半田たつ子（1986）「家庭科の男女共修運動は, 女性解放に, どんな役割を果たしたか」日本婦人問題懇話会『会報No.45　特集　いま, 女性の運動は』
深尾凱子（1982）「女子教育・アメリカの場合」奥山えみ子・藤井治枝編『女子教育　女の自立を求めて』労働教育センター
深川明子（2002）「国語」広岡守穂編集『教職研修総合特集No.153　男女共同　参画社会と学校教育』教育開発研究所
文部省大臣官房（1981）「F-1 学校教育における性役割の固定観念の除去　オンタリオ州教育省のカリキュラムに関する指針」『海外教育ニュース　第3集（昭和55年）』 MEJ 3-8105, 教育調査・第104集
Leo Lionni（1963）*Swimmy*, Alfred A. Knopf
UNESCO（2007）*Gender bias in textbooks: a hidden obstacle on the road to gender equality in education.*
UNESCO（2009）*Promoting Gender Equality through Textbooks.*

6 章　部活動

キーワード

部活動　　運動部　　生涯スポーツ　　マネージャー　　文化部　　ワーク・ライフ・バランス

はじめに

　部活動は学習指導要領の位置づけとしては周辺的活動だが，児童生徒に対する教育的効果は大きく，重要視されているのが現実である。その部活動に対するジェンダー研究は，とくに運動部において性別役割分業を再生産するという重要な指摘を行ってきた。この部活動については，さらに文化部をも含め，また教員の負担の問題も含めながら今後のあり方を検討していく必要がある。

1．部活動の現在

(1) 学校における部活動

　日本の学校，とくに中学校と高校において部活動は非常に大きなウェイトを占めている。学生に「学校で最も思い出に残っていること」を尋ねると部活動を挙げる場合が多い。高校などの学校選びでは「入りたい部があるから」と部活動が選択の主たる理由だった人も多いだろう。ともすれば学校教育の中心のような扱いである。

　部活動を重視する人々には，その活動内容だけでなく友人との交流やチームワーク，組織運営や人間関係の調整，あるいは努力や我慢といったさまざまなことが学べる，という思いも強い。これらは「教室では学べない」という表現

に代表され，教科学習にとどまらない日本の学校の象徴のような存在である。

　部活動は歴史も古い。全国高校野球選手権大会，いわゆる「夏の甲子園」の第一回大会開催は1915年であり，第二次世界大戦中の中断があるものの100年以上の歴史がある。近年はこの高校野球をはじめ部活動のメディア・コンテンツ化も進んでいる。

(2) 学習指導要領における部活動

　しかし，戦後日本の教育課程である学習指導要領において，部活動は長らく規定されてこなかった。学習指導要領は国語・算数といった教科と，特別活動・道徳など教科外活動の2つからなってきたが，部活動は教科外活動としても位置づけられておらず，放課後（教育課程で定められた学習の時間を終えた後）に「教育課程外」として行われる活動である。

　1968年の学習指導要領改訂では特別活動が学級活動・ホームルーム活動，児童会活動・生徒会活動，クラブ活動，学校行事の4領域にまとめられた。このうちクラブ活動は俗に「必修クラブ」とよばれるもので時間割に含まれていた。が，1998・1999年改訂でこのクラブ活動については中学校・高校で廃止され，小学校では年間授業時数に含めない，すなわち毎週の時間割に記載する必要のない活動になり，隔週や学期末で集中して行うなどの柔軟な実施方法が可能となった。

　中学校・高校で廃止されたのには，その前の1989年改訂で部活代替という，部活動によってクラブ活動を代替することが可能になったことによる。現在クラブ活動と部活動の区別がつかず混乱する例が散見されるが，そうなった理由のひとつはここにある。1989年改訂の背景には1980年代のとくに中学校の「荒れ」があり，その対策として部活動の必修化，すなわち部活動への強制加入が全国に広がったことがある。これが今でも続いている学校も多く，クラブ活動と部活動の区別がつかないもうひとつの理由となっている。

　1998・1999年改訂が完全実施された21世紀の日本の中学校と高校にクラブ活動は存在しないのだが，学校関係者ですら「中学校のクラブは…」というよう

に部活動のことをクラブ活動と呼んでいる場合が多い。それは生徒への指導的側面から部活動を重視しているからにほかならない。それだけ部活動が重視されており，学校の敷地内で行われているにもかかわらず，学習指導要領で部活動についてまったく言及されていないことが強く問題視されるようになった。

そこで，2008・2009年改訂では中学校と高校において「第1章　総則」の「配慮すべき事項」の中で次のように部活動を規定することとなった。

> 「生徒の自主的，自発的な参加により行われる部活動については，スポーツや文化及び科学等に親しませ，学習意欲の向上や責任感，連帯感の涵養等に資するものであり，学校教育の一環として，教育課程との関連が図られるよう留意すること。その際，地域や学校の実態に応じ，地域の人々の協力，社会教育施設や社会教育関係団体等の各種団体との連携などの運営上の工夫を行うようにすること。」

さらに2017年の中学校の改訂では「教育課程外の学校教育活動と教育課程の関連が図られるように留意するものとする。」という一文が冒頭に加えられ，部活動と学習指導要領における学びとの結びつきが強くなった。また末尾には「持続可能な運営体制が整えられるようにするものとする。」という一文も加えられ，後に触れる教師の負担についても配慮している。このように部活動は「学校教育の一環」とはされたが，学習指導要領での記載はこれにとどまり，なお課外活動であることに変わりはない。部活動は学習指導要領上は最も周辺に位置している。

(3) 過熱する部活動

にもかかわらず，部活動はますます盛んになっているという現実がある。たとえば教員勤務実態調査によると，2006年から2016年の10年間で中学校の教員が休日一日あたり部活動のために勤務した時間は1時間以上増加している（内田 2017）。これにはさまざまな要因が絡んでいる。一つには1992年から段階的に進められ2002年から完全実施された学校週五日制がある。

学校週五日制の本来の意義はILOの勧告にともなう公務員である教師の労働

時間の削減，進行する「学校化」を食い止め地域社会で子どもを育てる雰囲気の醸成，学校教育を中心とする見方から生涯学習体系への移行，などであった。

しかしながら現実に起こったことは全く逆だった。教師の負担軽減は進まずむしろ悪化し，学ぶ時間が減ったことで不安になった保護者たちを中心に学力への傾倒はますます強くなるとともに，少年犯罪に対する厳罰化の影響から児童生徒を管理する発想も強くなった。経済格差などが広がり「地域社会で子どもたちを支える」という雰囲気も失われていった。

一方で少子化が進行し，他国に比べて日本の学校は財政的基盤が弱く，新自由主義的発想が導入されて公立の学校でも競争が促進され，公立・私立を問わずそれぞれの学校が生徒集めや話題作りに奔走するようになった。

そこで切り札となったのが部活動である。「全国大会出場」「コンクール金賞」などの結果は学校や生徒の取り組みとして非常にわかりやすい。校舎に大きな垂れ幕を掲げて外部にも見えるようにすることの効果は絶大である。それは生徒集めだけでなく，地域の大人たちが学校を見る目にしてもそうである。その学校に通う生徒にとっても「愛校心」につながり，学校への帰属意識が高まって教師にとっては指導がやりやすくなる。子どもが夕方遅くまで学校にいることになるため，中学校や高校の部活動を小学校の学童保育のような意味合いでとらえる保護者もなかにはいる。土曜日・日曜日も部活動があれば週末の休日に子どもの面倒もみなくて済む。

2．部活動とジェンダー

(1) 勝利至上主義という男性性に支配されている運動部

ジェンダー研究はこれまで多くの学校教育の問題点を指摘してきた。なかでも畠山（2000）や羽田野（2001）が指摘してきたように，運動部の問題は焦点のひとつだった。というのもスポーツは身体性をともなう問題があるからで，これについては第7章で取り扱う。もうひとつは運動部が性別役割分業を再生産しているという点であり，運動部のあり方そのものと密接に絡む。

すなわち運動部とは何をめざすところか，ということである。繰り返すが学習指導要領には，部活動は「生徒の自主的，自発的な参加」によって行われ「スポーツ」「に親しませ，学習意欲の向上や責任感，連帯感の涵養等に資するもの」とある。つまり，運動部は決して試合に勝利すること，地区大会なり県大会なり全国大会で優勝すること，をめざすものではなく，運動部は――教科としての保健体育も同じだが――本来は生涯スポーツを理念としている。

しかしながら現実には運動部は競技スポーツとしての側面をもち，勝利至上主義に支配されていると言っていい。スポーツを楽しむことよりも「勝つ」ことが優先され，そのためには個を犠牲にして集団の利益を優先することを強いられる。自主性，自発性とはほど遠い状態である。しかもそれらが多様性が重視される21世紀にあっても美談とされてしまう。指導者に逆らわず，非科学的に長時間の練習にいそしむ姿は，内田（2015, 2017）をはじめ多くの指摘があるように「ブラックな職場」を当然のものとして受け入れてしまう心性を作り出す源になっているとして「ブラック部活動」という表現が広まりつつある。

こうした状況はジェンダーの視点からしても大いに問題がある。というのも，勝利至上主義とは「強い＝男性性」が際立った状態だからである。「女なのに男勝り」「男なのに弱々しい」といった表現に代表されるように既存のジェンダー秩序は強さを旨とした男性性によって支配されており，生涯スポーツがめざす姿とは真逆である。

また「女子〇〇部」「男子〇〇部」と分かれている場合があるがこれも極めて競技スポーツ的であり，男女混合スポーツといった発想も生まれにくい。生涯スポーツなら本来は分ける必要はない。女子／男子とわけることによってLGBTに代表される性的マイノリティの生徒たちへの配慮も失われているし，第7章でふれるとおり顧問に対するLGBT対応研修も未整備のままだ。

なにも競技スポーツが悪と言っているのではない。競技スポーツには競技スポーツなりの意義もある。また「勝つ」ことの意味が陸上や水泳などの個人スポーツとチーム同士が戦う団体スポーツでは大きく異なるということもある。ただ運動部については課外活動であるとはいえ学校教育の一環として行われる

以上，それはあくまでも生涯スポーツである。部活動は学校で行われるために，ある程度の経済格差や地域間格差，文化格差を埋めるという利点はある。運動部にしろ文化部にしろ，部活動には費用がかかる。グラウンドなどそのうちの一部でも学校が用意できれば家庭の経済状況に左右されずに興味があるスポーツや文化活動に取り組むことができる。またスタジアムやアリーナ，ホールなどの社会教育施設は一般に県庁所在地などに偏っている場合が多いが，学校での部活動はそのような格差の解消も図ることができる。しかし，競技スポーツは学校外で推進されることが本来は望ましい姿である。

なお，近年は改革の兆しがある。スポーツ庁は「運動部活動の在り方に関する総合的なガイドライン作成検討会議」において活動時間を「長くとも平日2時間，休日3時間，週2日以上の休養日を設ける」というガイドライン案を出した（2018年1月16日朝日新聞）。これに先だって長野県教育委員会は，2014年2月に原則として中学校での朝の部活動を行わないとする指針を出している（2014年2月14日日本経済新聞）。また岐阜市教育委員会は2018年度より8月に16日連続の学校閉庁日を設けて部活動も原則として行わない方針をまとめた（2018年1月6日読売新聞）。今後，改善策のひろがりが期待される。

（2）マネージャー問題

運動部についてジェンダー研究がまず問題にしてきたのはマネージャー問題である。それは性別役割分業を再生産するからであり，賀谷（2002）は「まず第一に運動部女子マネージャー問題に対する継続的取り組みが必要」という。

この点に関して，筆者は教職課程における特別活動についての講義のなかで，受講学生に「マネージャーって言葉はどんな響き？」と問うことにしている。多くの学生は芸能人や運動部におけるマネージャーのイメージに引きずられ「周辺的」「縁の下の力持ち」と言う。その後に「では辞書の意味は？」と問うて「多くの国語事典や英和辞典では第一に『支配人』『経営者』って意味が来るよね。芸能人のマネージャーやスポーツチームで雑務を引き受けるといった意味は後のほう」と話している。managerという英単語は大学入学前に知って

いるはずの学生たちだが，前者の意味はすぐには思い浮かばないようだ。

　この英語の本義からすれば運動部のマネージャーが日々こなしていることはもっと重視されてもおかしくないのだが，実際には選手が主，マネージャーが従という意識はかわっていない。そして共学の学校においてマネージャーはほぼ間違いなく女子役割になっている。それは女子にケア役割を求めているからに他ならず，性別役割分業の再生産につながってしまっている。

　マネージャーにまつわるジェンダー問題が先鋭化した例として高校野球が挙げられる。2016年8月，甲子園球場のグラウンド練習に入った女子マネージャーが退去させられ，「練習補助員は男子部員に限る」という大会規程が問題となった。日本高校野球連盟は「危険なため」と説明したが，選手ではない男子部員なら安全で女子マネージャーなら危険という理屈は成り立たず，11月に「ヘルメット着用などの安全対策をとった上で球場内の人工芝部分に限って活動を認める」と変更した。しかしこれは「マネージャー＝女子」という固定化をゆるがすものではなく，問題の本質は残ったままである。高校野球に限らずあらゆる運動部においてマネージャー問題への取り組みは今後も非常に重要である。

(3) セクシャルハラスメントおよび体罰の問題

　もう一つ，とくに運動部で問題になるのがセクシャルハラスメントの問題だ。毎年，運動部の顧問を務める教師が生徒に対してセクシャルハラスメント，さらには強制わいせつなどで懲戒処分となった件数がマスメディアの紙面をにぎわせている。教師たちの人権意識が非常に強く問われる事態である。多くのスポーツはその指導の過程で身体に接触せざるを得ない面がどうしても出てくるし，合宿や試合での遠征など宿泊をともなう場合もある。そのためいっそうセクシャルハラスメントが起きないように対策をしていく必要があるが，被害は後を絶たない。部活動は課外活動であるが故に顧問に一任されてしまい，指導者として求められることなどの研修が後回しになっていることも，改善が進まない理由の一つである。

　この問題と絡まって2012年9月に大きく社会問題化したのが女子柔道界の問

題である。これには複数の問題が含まれているが，その一つが日本代表チームでの男性指導者から女性選手への体罰の問題だった。学校教育において体罰は学校教育法第11条で禁止されているが，これも残念ながら後を絶たない。2012年12月の大阪市立桜宮高校の男子バスケットボール部の体罰事件以来，急速に日本社会全体で体罰問題への認知は広がりつつあるが，なおいっそうの取り組みが求められている。

　さらにこれはスポーツ界における女性指導者育成の問題でもある。サッカーやバレーボールの女子日本代表チームの監督のように女性指導者があらわれてきてはいるが，まだまだ日本においては女性を指導する指導者が女性であることは少ないのが現状だ。ヨーロッパでは男子のプロスポーツチームの監督に女性が就任している事例もあるが，日本のプロスポーツでは想像できるだろうか。したがってこの問題の改善には学校教育だけでなくスポーツ界全体の問題でもある。各競技団体は女性指導者および女性審判の増加の取り組みを始めているが，成果があらわれるには今少し時間がかかる。

　なお2020年にオリンピック夏季大会が東京で開催される予定となっているが，オリンピック憲章には「男女平等の原則を実践するため，あらゆるレベルと組織において，スポーツにおける女性の地位向上を奨励し支援する。」という一文がある。この点からもこの問題の早急な改善が必要である。

3．吹奏楽部の事例

(1) 部活動の中の文化部

　ここまで部活動について述べてきたが，それはすべて運動部についてだった。部活動は課外活動であるが故に正確な統計はなく，学校によって部活動への力の入れ具合も非常に大きな差があるが，実際の部員数は運動部のほうが多いという理由が大きい。また世間的にも部活動としては運動部のほうが圧倒的に注目されているし，文化部は一部を除いて運動部より小規模な場合が多いが故に影響力が小さい，ということもある。

第2部　学校教育とジェンダー

　しかしながら学校教育とジェンダーという視点からすれば，文化部を検討から外していいということにはならない。確かに文化部は運動部のような身体性の問題はみえにくい。しかし，文芸部・美術部など女子が多いとされてきた部や科学部・新聞部など男子が多いとされてきた部があることから，これも既存のジェンダー構造の影響を受けていると考えられる。運動部のほうが注目されていること自体が先に挙げた男性性への優位を示しているし，日本においては美術館やクラシックコンサートへ行くといった芸術的活動は女性のほうが多いということもある。運動部と文化部の力関係についても，考察する必要がある。

（2）女子が多数を占める吹奏楽部

　文化部の中でも音楽系の部活動は圧倒的に女子が多い。共学でありながら合唱部は女子だけ，という学校も珍しくない。クラシックギター部なども男子は少数派である。例外が軽音楽部だが，軽音楽部については軽音楽部自体の学校内の位置づけの問題がある。というのも，軽音楽部が志向する音楽性は，得てして反学校文化とつながるからであり，これを学校内の公認の部活動としてどこまで許容するかは，常に教員側にとって悩ましい問題となるからである。

　2010年前後の「けいおんブーム」によって最も人数が多い文化部が軽音楽部という高校もあるが，軽音楽部の場合は実際の活動はバンド毎で数名の小さい集団となるため，小規模という点で他の文化部と同じとみなすことができる。

　それに対して，文化部でありながら運動部のような大人数を必要とし，音楽系の部活動として大きな位置を占めるのが吹奏楽部である。吹奏楽はここ数十年で日本独自に発展したジャンルで，欧米のブラスバンド（金管バンド）ともウィンドオーケストラとも異なる。そしてその発展を支えたのが部活動としての吹奏楽部で，この結果として現在の日本は世界に類を見ないかたちで多数の管楽器・打楽器愛好者がいる国となっている。

　比較的小規模であることが多い他の文化部とは異なり，数十人による合奏が吹奏楽部の特徴だが，音楽系の特徴である女子が多いのは同じである。

　吹奏楽部とジェンダーの関連については，音楽教育の立場からの森田

(2005)の研究がある。吹奏楽部は軍楽隊を起源とするため，もともとは男性だけのものだった。これが戦後に部活動として学校教育に取り入れられ，次第に女子が多くなっていく歴史を森田はさまざまな側面から検討している。そして森田は昭和50年代には男女の逆転が「ほぼ決定的」になってその後はひたすらその差が拡大して21世紀に入ってからは男子の割合がほぼ10％になったとしている。森田の論文でもとりあげられている2004年公開の映画「スウィング・ガールズ」は，吹奏楽部だと人数的に無理でもビッグバンドジャズなら可能だという少子化の中での兵庫県立高校での実話を元にしているが，この映画において男子部員はたった一人であることが象徴的である。

　吹奏楽部は数十人をまとめ上げなければならないことから部長やセクションリーダー（木管楽器，金管楽器といったグループのリーダー），パートリーダー（各楽器毎のリーダー）などにはリーダーシップやマネジメント能力が求められる。また楽器によってはかなりの重さがあり，その運搬などもある。つまりこれまで男性役割とされてきたことを圧倒的に女子が多い部活動でどのように行われているかは注目に値する。

(3) インタビュー調査から

　そこで2009年に教職課程を履修中の大学生（217名）に対して質問紙調査を行い，およびその中から高校で吹奏楽部に所属したことがある女子学生14名中インタビューを承諾した4名に対してインタビュー調査を行った。ここでは，回答の一部を紹介する。

　まず4名とも卒業した学校の規模は1学年320名程度で似通っており，そのうち吹奏楽部に所属していたのも女子20名前後，男子3名前後という似たような回答だった。女子が圧倒的に多いというパターンがみられた。

　部長選びについては，顧問が決定するのではなく生徒が選んでいたこと，女子が選ばれた，あるいは自分の学年は男子だったが上級生や下級生は女子だった，という回答が多かった。

　次に「男子だからこれをやってよ，というようなことはあった？」という質

問に対しては，全員即座には思い出せない様子だった。

　最後に，楽器の担当について尋ねた。楽器にはステレオタイプなイメージが存在する。例えばフルートは肺活量が必要なため数十年前までは男性イメージの楽器であったが，20世紀後半以降は女性イメージのほうが強い。これに基づくような担当楽器決定，とくに少数である男子が楽器イメージに基づいて決められていたかどうかたずねたところ，ある程度は当てはまるもののはっきりとした傾向はなくなっていた。

　これらの結果から浮かび上がることは，既存の固定的性別役割分業的な部活動から完全ではないにせよ自由になっている姿である。「部長」という「長」がつくからというだけで少数派である男子を選ぶこともなければ，「男子だからこれをしてもらわないと」「合宿の時料理を作るのは女子」といったこともなく，楽器のステレオタイプ的イメージも薄れてきている。

　本研究は調査対象が少ない事例ではあるが，部活動におけるジェンダーの新たな姿が垣間見え，運動部を含めた部活動全体の今後を考えるうえで示唆を与えることができるだろう。ただし，吹奏楽部については，長時間練習のために「スポ根」のような形で「ブラック部活」になっていたり，コンクールでの入賞といった勝利至上主義に陥っている例も多く見られる，という問題が今なおあることも指摘しておきたい。

4．ジェンダーの視点から部活動の見直しを

（1）部活動による教員の負担

　部活動が学習指導要領で記載されるようになったのには先に述べたように教師の負担が大きすぎる，という問題もある。高校の場合は生徒の自主性に任せて顧問がつきっきりではない場合もあるが，義務教育である中学校だとそうもいかない。週末も含めて休みがなく，プライベートの時間をとることができない場合も珍しくない。

　文部科学省も問題は把握しており，学校教育法施行規則を改正して2017年4

月より部活指導員という職種を学校職員の一種として整備した。しかし部活動指導員が導入されれば解決というわけでもない。予算も限られ，地域の人材にはバラツキがあるため量的な確保に難があるばかりでなく，先行的に導入している自治体の事例からはやはりハラスメントや体罰の問題があがっており，部活動指導員に対する研修など質の確保も重要である。さらに試合の引率など教師の負担が思惑通りに減るかは疑わしい。

　部活動の負担をめぐってはマスメディアやインターネットでさまざまに指摘があるが，なかでも週末の部活動のために教師が自身の子どもとの時間が全く取れないという問題がよく例として出される。子どもの教育にかかわる教師が，週末も休みなく仕事に追われて自らの子どもの教育にかかわれないようでは本末転倒である。

　そしてこの問題は現実には家事育児の負担がいまだ相対的に大きい女性教師のほうがより切実な問題となる。すなわち部活動とジェンダーについて考えることは，教師という職業におけるワーク・ライフ・バランスを考えることにもつながる。部活動の教育的効果は認めながらも，教師の多忙につながらない形の部活動の実施が求められている。

(2) 誰にとっても「楽しみ」となる部活動を

　部活動は好きな活動をしているわけだから本来「楽しい」もののはずである。しかしこれまで見てきた通り，性別役割分業の再生産やセクシャルハラスメント，体罰，あるいは教師の多忙など，問題が山積している。これらを今一度，ジェンダーの視点から見直し，改善していくことが部活動の本来の意味を取り戻す大いなるきっかけとなるのである。

〔池上　徹〕

> **考えてみよう**
> ① 自分が部活動をしてきたなかで，「女子だから」「男子だから」という決めつけがなかったか，振り返ってみよう。
> ② 「部活動における女子マネージャー問題」の改善のためにできることを考えて

③　自分が教師になったときにプライベートの生活と部活動の顧問を両立させるにはどうしたらいいか，空想してみよう。

【引用・参考文献】

池上徹（2010）「高等学校吹奏楽部におけるジェンダー――大学生への調査から」『関西福祉科学大学紀要』第13号，pp. 117-127

内田良（2015）『教育という病　子どもと先生を苦しめる「教育リスク」』光文社

内田良（2017）『ブラック部活動　子どもと先生の苦しみに向き合う』東洋館出版社

賀谷恵美子（2002）「特別活動」広岡守穂編『男女共同参画社会と学校教育――男女共同参画社会の形成に向けて学校は何をなすべきか』教育開発研究所，pp. 108-111

熊安喜美江（2000）「体育・スポーツと性役割の再生産」亀田温子・館かおる編著『学校をジェンダー・フリーに』明石書店，pp. 99-125

国際オリンピック委員会『オリンピック憲章』（2015年8月2日版）

渋谷真樹・中澤静男・金子光夫・井深雄二（2015）『集団を育てる特別活動』ミネルヴァ書房

島沢優子（2017）『部活があぶない』講談社

中澤篤史（2017）『そろそろ，部活のこれからを話しませんか』大月書店

西島央編著（2006）『部活動　その現状とこれからのあり方』学事出版

畠山幸子（2000）「クラブ活動における性別役割分業――女子マネージャーが性差別を支える」亀田温子・館かおる編著『学校をジェンダー・フリーに』明石書店，pp. 81-97

羽田野慶子（2001）「ジェンダーの社会化装置としての部活動」『日本教育社会学会第53回大会発表要旨集録』，pp. 280-281

ベネッセ教育研究開発センター（2009）『放課後の生活時間調査　子どもたちの時間の使い方［意識と実態］速報版』

森康司（2006）「スポーツ実践とジェンダー観――大学生調査から」『人間科学共生社会学』第5号，pp. 77-88

森田信一（2005）「クラブ活動としての吹奏楽の変遷――女性進出の視点から」『富山大学教育学部紀要』第60号，pp. 131-140

矢野博之・羽田野慶子・荒川英央・西島央・藤田武志（1999）「中学校生活と部活動に関する実証的研究(2)――家庭環境・人間関係・ジェンダー意識」『日本教育社会学会第51回大会発表要旨集録』

7章 スポーツ

キーワード

スポーツ　　身体形成　　高校野球マンガ　　ホモソーシャル

はじめに

　本章では，スポーツを通しての身体形成とジェンダーの問題について考える。この問題について，本章の前半では，スポーツ社会学や歴史社会学などの知見に基づき，後半では，高校野球マンガに描かれた女性指導者の分析を手掛かりに，考える。

1．スポーツを通しての身体形成

(1) 武道とダンスの必修化より

　平成20 (2008) 年3月の『中学校学習指導要領』改訂（平成24 (2014) 年度より全面施行）により，保健体育では武道とダンスをすべての生徒（第1学年，第2学年）が履修することが義務づけられた。

　今から約30年前，筆者の中学・高校時代——中学校は1977年告示1981年度実施，高等学校は1978年告示，1982年度より学年進行で実施された，いわゆる初期の「ゆとり教育」の学習指導要領の時代である——，女子の保健体育の授業では必ず「創作ダンス」が課された。一方，高校の体育で男子の必修であった武道は，女子には課されなかった。当時，中学校の部活動で武道にいそしんでいた筆者は，高校入学時に武道の授業がないことを知り，残念に思ったものだ。

第 2 部　学校教育とジェンダー

　ここから,「女性と男性が, 異なるスポーツ (または身体活動) を通して, 異なる身体が形成されてきたのか」, という問いが生じる。

(2) 学校における身体のジェンダー化

　まず, 学校教育のなかで, スポーツを通していかなる身体のジェンダー化が企てられてきたか, 歴史を概観しよう。

　戦前の学校教育において, 男子と女子は別々に教育されるべき存在であった。尋常小学校では, 第 1 学年と第 2 学年を除き, 学級は男女別に編制することとされた (『学級編制等ニ関スル規則』第 2 条 4 号, 1891 年 11 月 17 日)。

　体育は, ジェンダーの分割線が明瞭にされていた教育内容のひとつであった (高橋ほか 2005)。1886 年に公布された諸学校令に基づいて発令された「学科及其程度」において, 初等・中等教育では男子に兵式体操と普通体操, 女子に遊戯と普通体操が課された (同上書, p. 22, 奥野 2011)。

　女子体育は,「医学的合理主義に基づく運動の効用と富国強兵に基づく母体の国家管理」を理論的背景に, 1903 年の「高等女学校教授要目」において推進されるようになった (高橋ほか 2005, p. 32)。ここに, 女性は, 富国強兵を謳う国家体制のなかに, 労働力と兵力を再生産する存在として組み込まれた。

　女子体操服の導入も, 女性身体を社会秩序のなかに組み込む企てであったといえよう。19 世紀にイギリスのフェミニストによって考案され, アメリカ経由で日本に体操服として紹介されたブルマーは, 女性の活動性を高めることを可能にした。それは男女の境界線を越境する可能性をもつスポーツへの女性の参入の象徴であると同時に, 女性と男性の分割線をかえって明確にするものでもあった (同上書, pp. 55-92)。

　性の分割線によって分けられた女性身体と男性身体は, その越境も困難であった。学校教育において女子体育の重要性が「母体」の観点から認識された後も, 競技スポーツをする女性に対する好奇の視線は持続した (山下 2001)。

　以上より, 学校教育のなかで, 体育・スポーツを通しての身体のジェンダー化は重要であることが考えられる。次節では, これを踏まえ, 身体形成および

スポーツに関するジェンダー論の展開について概観する。

2．スポーツと身体形成におけるジェンダー理論

(1) 身体をめぐるジェンダー理論

　本書のテーマであるジェンダーは，身体の問題とは切り離すことのできない問題である。なぜならば，ジェンダー概念そのものが，身体と不可分の関係にあるからである。

　今日，社会科学の分野では，社会的・文化的性としてのジェンダー概念は，生物学的性としてのセックスとは区別されるものとして理解されている。一般にジェンダーは，生物学的基盤に基づき社会的・文化的な背景によってさまざまな形質が獲得されたものである，と理解されてきた。

　上記のセックス／ジェンダーの関係のとらえ方を変えた議論のひとつとして，バトラー（Butler, J.）の『ジェンダー・トラブル』(1990，訳書 1999) が挙げられる。バトラーは，本質的な性が人間の内部に内面化されるのではなく，異性愛主義のマトリクスが人間の身体の表面に書き込まれ，あたかもそれが内面的な本質であるかのように見せかけられている，と論じた。

　バトラーの主張をもう少しわかりやすく述べると，身体の性のちがいは社会的・文化的な性のちがいのもととなるのではなく，社会的・文化的な性のちがい（ここでは「異性愛のマトリクス」に基づくさまざまなちがい）が身体の性のちがいをつくりだす，ということである。たとえば，女性は胸が豊かで腰がくびれている，男性は筋肉質である，といった身体のちがいは，それ自体，私たちの文化に埋め込まれている男性と女性は互いに好きになるべきである，などといった「異性愛のマトリクス」にしたがって形成されている，と考えられる。

(2) スポーツにおけるジェンダーの問題化—歴史社会学より

　J. ハーグリーヴズ（Hargreaves 1986，訳書 1993）は，イギリス社会では，スポーツが階級分割（class division）と性分割（gender division）を造り出す点で

どのような役割をもつのかに注目し（同上訳書，p. 20），歴史社会学の立場より分析・考察を行った。ハーグリーヴズは，スポーツの大衆への普及はブルジョア階級と労働者階級の分割とともに労働者階級内における男性と女性の分割をともなうものであり（同上，第4章），そして今日では「スポーツへの参加は労働者階級男性のアイデンティティが再確認され，彼らのヘゲモニーが強化され得る数少ない方法の1つ」となっている（同上，第5章），と論じた。彼は，メディアに描かれたスポーツのジェンダー描写が保守的なジェンダー概念と共鳴していること（同上，第7章）や，体育教育における性別分離の正当化と女子参加の抑制（同上，第8章）などによって，スポーツは，労働者階級をジェンダーおよび他の下位集団内（たとえば民族など）で分断し，ブルジョア・ヘゲモニーの維持に寄与していることを明らかにした。

(3) スポーツにおけるジェンダー研究の展開

　ホール（Hall, A.）は，スポーツとジェンダーに関する研究のレビューを通して，スポーツとジェンダー研究の苦闘を明らかにしている。彼女によれば，女性とスポーツの関係を読み解く試みは，初期の性別カテゴリーに焦点化された研究から関係論的研究へと展開を遂げ，今やスポーツ研究はフェミニスト・カルチュラル・スタディーズの応用研究やポストモダン・フェミニズムの視点からの研究にまでひろがりをみせている，という（ホール訳書 2001）。

　スポーツ社会学におけるジェンダー研究は，スポーツする主体としての女性の顕在化から始まった。そこから，男性中心主義のスポーツ界における女性の侵犯，ジェンダー秩序における女性の抵抗などに関する研究が行われた。これらの研究は，スポーツ界の男性中心主義，スポーツ主体としての女性の戦略，男性が構成する社会集団のホモソーシャルな構造，などを明らかにした。

　メディアに描かれたスポーツにおけるジェンダーとセクシュアリティの問題は，今世紀に入り，スポーツ研究，教育社会学等さまざまな領域の研究者によって分析が行われている。メディアに描かれたスポーツにおける「男性優位性」の言説は，皮肉にも，それを打ち破ろうとする競技者が登場するたびに強

固に維持・再生産されてきた。ある時は，その人の「特異性」を引き合いに出すことによって，ある時は有能な男性指導者の存在を強調することによって，またある時は，女性は「娘」や「妻」または「母」となるという言説を持ち出すことによって，「男性優位」言説は維持・再生産されていく（飯田 2003，高橋ほか 2005，山下 2001）。

　スポーツにおけるジェンダーの問題化によって，スポーツの世界における女性の不在もしくは劣位の状況が発見されたといえる。

3．メディアのなかのスポーツとジェンダー
　──高校野球マンガの女性指導者──

(1) なぜ「高校野球マンガ」の「女性指導者」か

　野球というスポーツは，その誕生当初より，男性性と結びつけられてきた歴史を有する。その状況は，この競技を輸入した日本においても同様であった。女子野球の歴史研究は，女性による男性領域の侵犯に対する抵抗がみられたことを示唆している（花谷・入口・太田 1997）。

　メディアのなかの野球もまた，男性中心の世界である。たとえば，野球マンガをみると，登場人物は圧倒的に男性が多い。

　本節では，高校野球マンガに登場する女性指導者の分析（藤田 2011）を紹介し，スポーツにおけるジェンダー秩序の一端を描出する。

　なぜ，「高校野球マンガ」の「女性指導者」に注目するか。確かに，女子選手は，高校野球の選手登録ができない。また，高校野球の全国大会では，ベンチ入りが認められている女子マネージャーは公式練習であってもグラウンドに立つことが認められていない。しかし，指導者については性別の規定がないことから，女性の部長・監督のベンチ入りは可能である。したがって，高校野球の世界に，女性指導者は存在しうるのだ。

　マンガの世界とはいえ，高校野球の世界に女性が指導者として登場すること自体が，スポーツにおけるジェンダー越境の表象である。女性が「男性のス

ポーツ」に指導者として「越境」することが作品世界にいかなるインパクトをもたらすのか。これらの分析は，スポーツとジェンダーの問題を映す鏡となるだろう。

　本節では，下記の作品の分析を行う。
- ひぐちアサ　2003～,『おおきく振りかぶって』講談社（アフタヌーンKC），1～22巻（2017年8月現在27巻まで刊行）。
　監督：百枝まりあ。アルバイトをしながら母校の埼玉県立西浦高校硬式野球部を指導する。
- 田中モトユキ　2005～2010,『最強！　都立あおい坂高校野球部』小学館（サンデーコミックス），1～26巻。
　監督：菅原鈴緒。元大学野球界の「マドンナ」で，高校教員として監督を務める。

　以下，女性指導者たちが野球部とどのようなかかわりをもつのか，そして彼女たちはいかに描写されるか，について述べる。

（2）女性指導者の描写
　二人の女性監督は，物語の冒頭部分で，女性であるゆえに「監督」としての存在を拒絶される。それに対し，彼女たちは，どのように対処したか。

1）百枝まりあの二面性
　『おおきく振りかぶって』に登場する百枝まりあは，新しく発足したばかりの硬式野球部の監督である。

　入学式の日，硬式野球部の入部希望者が集まる場面で，入部希望の新入生のひとり花井は，監督が長い髪の女性であることを知り，「入んのやめますー」「監督が女だから」「1年しかいなかろーがいいけどさ　監督　女ってありえねーだろ」と言い，その場を去ろうとする。ふと，花井は，百枝が自分の方を見ながらバットでボールを「リフティング」していることに気づく。百枝は，「キャッチ行くよ！」と叫び，キャッチャーへのフライを打ち上げる。花井は，垂直に高く上がるフライに驚くとともに，今までの指導者は誰もそのようなフ

ライを打ち上げることができなかったことに気づき，戸惑う（第1巻，pp. 6-9）。

　驚きを隠せない様子の花井を見た百枝は，その場にあった大袋から取り出した甘夏を両手にひとつずつ持ち，握りつぶしてジュースを作り，微笑みながら彼にそれを差し出す。紙コップを受け取った花井は，青ざめ震えながら「女って　女って　おんなってええ？？」と心のなかでつぶやき，涙を流しながらそのジュースを飲む。

　なお，ジュースを飲む花井は，片手で甘夏をもちつつ甘夏の大袋を担ぎつつ他の部員たちに「みんなも飲も？」と微笑みかける百枝の背後に，小さく描かれている（pp. 10-11）。その描写からは，花井が，「女」だからとなめていた百枝に高いノック技術と「甘夏を絞ってジュースを作ることができるほどの握力」を見せつけられ，外見とのギャップに混乱している様子がうかがえる。

2）菅原鈴緒の「指導力」

　『最強！　都立あおい坂高校野球部』に登場する菅原鈴緒は，大学まで硬式野球部に在籍し，大学リーグでは「マドンナ」と呼ばれたという経歴の持ち主である。彼女は，自ら成し遂げることができなかった甲子園出場を実現しようと教師になり，都立あおい坂高校（以下，「あお高」）で野球部の監督に就任した。しかし，進学に力を入れる「あお高」では，「野球部を甲子園に行かせたい」と希望する彼女の思いは教職員の理解を得られない。そのうえ，野球部では，ほとんどの部員が彼女が課す厳しい練習に耐えられず逃げてしまう。

　1年後，菅原のいとこである主人公の北大路輝太郎をはじめとする少年野球チームの教え子5人が，彼女を助けるために「あお高」に入学する。野球部に残った4人と合わせ9人の最少人数で再出発したチームは，菅原の的確な指導によって力をつけていく。夏の甲子園大会予選で，菅原は，巧みな采配と選手掌握術を発揮し，彼女を単なる「アイドル」としてしか見ていなかった相手チームの指導者や選手たちを見返す。

　上記2作品の女性監督たちは，はじめのうちは周囲や部員たちの拒絶にあう。しかし，彼女たちは，野球の技術や指導力により拒絶に立ち向かい，部員たちの信頼を得ることで，地位を確立していく。

第2部　学校教育とジェンダー

　以上よりわかることは，次の二点である。第一に，彼女たちは，当初は，野球部における「他者」である。第二に，彼女たちは，自らの卓越した力量を発揮することによって野球部への「仲間入り」を許される。ここから，「男の世界」からの拒絶に，自らの「有能さ」や「（筋）力」を誇示することで抵抗する女性指導者の姿がうかがえる。

（3）「女性性」への焦点化と誇張

　一方，女性監督たちは，「女」であることにより，周囲の男性たちからの「好奇」のまなざしを受ける存在でもある。彼女たちの身体描写，男性登場人物による彼女に関する発言を通して，彼女たちは，野球部の指導者でありながら「女性性」を体現する＝「見られる」存在として構築される。

1）「性の対象」としての女性

　菅原鈴緒は，しばしば，対戦校の選手や指導者などの男性から，その容姿について言及されている。図7-1は，「あお高」の試合を視察する強豪校の野球部員たちによる会話場面である。

　このページ最初のコマには，彼らの視線から，菅原が腕をひろげて立っている姿が大きく描かれている。その全身像は，彼女の美貌と豊胸を強調している。さらに，右に配置された吹き出し中の台詞には，「あの女監督めあて」「ドスケベ野郎」ということばが含まれている。彼女の指導を受ける「あお高」の部員たちが性的な憧れをもって彼女のもとに集まったのではないかとする

ⓒ田中モトユキ／小学館

図7-1　容姿に言及される女性監督

出所）田中モトユキ『最強！都立あおい坂高校野球部』第2巻, p.116

揶揄を含む台詞は，彼女が常に，他者から「異性愛の対象」として「見られる」存在であることをほのめかすものである。

2）「女性」身体への焦点化

百枝まりあは，部員たちから厳しい指導者として畏敬されるようになった。それでも，彼女の容姿はしばしば注目される。以下，ひとつの場面を例に分析してみよう。

夏の大会初戦で，百枝率いる西浦高校は，強豪校・桐青高校と対戦する。桐青高校の捕手兼主将・河合は，相手監督（百枝）が試合中の指示を徹底していることに気づき，その統率力に感心しつつ，彼女の動き（サインなど）を確認しようと西浦ベンチに目を向ける。百枝は，体にフィットするユニフォームを着用して腕組みで立っているため，腕の上に胸が乗っているように見える。その姿が目に入った河合は，「う・・・なんか見ちゃイケナイような気が・・・」と一瞬目をそらしてしまう。彼はすぐ我に返り「ふざけんな！／相手監督見んのはオレのシゴトだ！」と自らの頬を叩き再び百枝の方を見るが，その時にはすでに百枝は腕組みをやめ，両手を腰に当てて立っている。彼は彼女の動きを見逃したことに気づき，顔を真っ赤にする（第6巻, pp. 21-22）。河合の表情からは，女性監督の胸部に目を奪われるあまり，自分の「シゴト」を遂行できなかったことに対する恥ずかしさと悔しさがうかがえる。

この場面，計9コマ中，百枝が大きく描かれているコマは2つである。どちらのコマにも，彼女は，上半身が大きく描かれ，豊胸であることを強調するように胸の下には影が付けられている。さらに，コマの周辺部分には，「バンッ」という効果音と放射状の線が描かれている。これらは，河合の視線が百枝の（豊かな）胸部に向けられたことをあらわす描写である。一連のコマから，河合の視点から見た，百枝の野球部監督としての有能さと彼女の身体における女性性のギャップが強調されていることがうかがえる。

（4）ホモソーシャルな社会集団としての高校野球部

本節でとりあげた高校野球部の女性監督たちは，当初は部員や入部希望者に

よって拒絶されるものの，指導力によって承認をかちとる。しかし，部員たちに存在が認められた後もなお，野球部の「外部」の者によってはあくまで「女性」であり，いくぶんかの好奇の視線で「見られる」存在である。

現実世界においても女性の参入が困難である高校野球部は，イヴ・セジウィック（Sedgwick, E. K.）が論じる「（男性の）ホモソーシャル」（セジウィック訳書 1985, 2001）な社会集団であると考えられる。ここまで紹介した両作品をみても，野球部は今なお「男の世界」であり，力のある者が優位であることから「ヘゲモニックな男性性」を支配的な原理とする。この「男の世界」にあって，女性は，たとえそれが指導者であっても，ヘテロセクシュアル（異性愛的）な欲望の対象である。

したがって，両作品をみる限りでは，高校野球部の世界において，女性は「残余カテゴリー」であり，欲望の「消費の対象」であり，潜在的な「異性愛の対象」である。それゆえ，女性監督が部員によって承認されるためには，男性とは異なるいくつもの困難を伴う。たとえ存在を認められたとしても，彼女たちは，潜在的には男性による支配あるいは異性愛の対象でありつづける。

4. ジェンダー秩序の変容可能性

(1) スポーツにおけるジェンダー越境─メディアと現実世界と

前節で分析した，女性指導者が登場する高校野球マンガ作品において，「男の世界」としての高校野球に女性が指導者に参入するという設定は，ジェンダーの境界線を乗り越え，野球というスポーツの「男性中心性」を揺さぶるものであるように思われる。一方，「越境」の描写は，高校野球部という「ホモソーシャル」な集団の周辺に「他者」として女性を置くことにより，むしろ「ホモソーシャル」な男の結束をより強固にする，と解釈することも可能である。

その錯綜は，女性指導者が登場するスポーツマンガの解釈に関するインタビューにおいても同様であった（藤田 2013, 2017）。スポーツにおける二分法的かつ男性中心的ジェンダーを「攪乱」する表象（ここでは女性指導者）は，ジェ

7章　スポーツ

ンダーの「越境」によって既存のジェンダー秩序を打ち破るものとして解釈される。その一方で，それらは，作中の他の人物や読み手の視線によって「イロモノ」化され，マジョリティである「アスリート」男性とも，「非アスリート」である女性とも，異なる存在としてたちあらわれるのである。

　とはいえ，ジェンダーの境界線を乗り越え活躍するアスリートや指導者は，現実世界において，徐々にではあるが数を増やしつつある。たとえば，女性指導者の存在である。Vリーグ女子チームの監督は，21チーム中4チームが女性である（バレーボールVリーグオフィシャルサイトhttp://www.vleague.or.jp/，2017年8月30日閲覧）。これは，2011年時点（21チーム中2チーム）より6年で，わずかに増加している。また，セクシュアル・マイノリティであることを公表するアスリートや元アスリートの存在は，性の多様性への寛容さがスポーツ界にも浸透しつつあることを示している。

(2) スポーツ指導の場で

　近年，スポーツ指導をめぐる環境にも変化が起こりつつある。

　日本体育協会（現・日本スポーツ協会）は，2016年，「スポーツ指導者のための倫理ガイドライン」を策定した。同ガイドラインでは，指導者の心得として，プレーヤーは主役であることや指導者の影響力を自覚すること，反倫理的言動に適切に対処すること，が示されている。「反倫理的言動」は，反人道的言動とその他の反社会的行為に分類され，反人道的言動は，「身体的・精神的暴力及び言葉の暴力」「性暴力及びセクシュアル・ハラスメント」「差別」に分類されている。

　注目すべきは次の二点である。第一に，性暴力やセクシュアル・ハラスメントについて，「男性＝加害者，女性＝被害者」に限定されないと述べている点である。第二に，「差別」の具体的内容のなかに，「性別」に加えて，「性的指向や性自認」が含まれている点である。

　政策の動きも見逃せない。スポーツ庁は，2019年8月に，競技団体と一般スポーツ団体向けに「スポーツ団体ガバナンスコード」を策定した。ここでは，

103

第 2 部　学校教育とジェンダー

コンプライアンス教育の実施などコンプライアンス意識の徹底が求められている。たとえば指導者・競技者等へのコンプライアンス教育の内容に「①暴力行為，セクハラ，パワハラについて」「②人種，信条，性別，性的指向及び性自認，社会的身分等に基づく差別の禁止」等が掲げられている。

　第 6 章でとりあげた部活動も含め，スポーツ指導のあり方は，ジェンダーおよびセクシュアリティへの配慮が求められるようになった，といえる。このことは，スポーツにおける「男性優位性」「ホモソーシャルな構造」といった束縛を解きほぐすことに繋がるかもしれない。今後も，学校教育での活動を含むスポーツとジェンダーをめぐる動向から目が離せない。　　　　　［藤田由美子］

考えてみよう

① 小学校から高校で受けた体育の授業のなかに，身体のジェンダー化にかかわる内容はあったか，話し合ってみよう。

② スポーツを題材にした小説やマンガなどで，女性や男性など（セクシュアル・マイノリティを含む）はどのように描かれているか，本章でとりあげた作品以外で，少なくとも 1 作品を読んで分析してみよう。

【引用・参考文献】

飯田貴子（2003）「新聞報道における女性競技者のジェンダー化―菅原教子から楢崎教子へ」『スポーツとジェンダー研究』1，pp. 4-14

奥野武志（2011）『兵式体操成立史研究―近代日本の学校教育と教練』早稲田大学博士論文

セジウィック, E.（1985=2001）上原早苗・亀澤美由紀訳『男同士の絆―イギリス文学とホモソーシャルな欲望』名古屋大学出版会

高橋一郎・萩原美代子・谷口雅子・掛水通子・角田聡美（2005）『ブルマーの社会史―女子体育へのまなざし』青弓社

谷口雅子（2007）『スポーツする身体とジェンダー』青弓社

ハーグリーヴズ, J.（1986=1993）佐伯聰夫・阿部生雄訳『スポーツ・権力・文化―英国民衆スポーツの歴史社会学』不昧堂出版

花谷健次・入口豊・太田順康（1997）「女子『野球』に関する史的考察（Ⅱ）―日本女

子野球史」『大阪教育大学紀要Ⅳ　教育科学』45(2)，pp. 289-302
バトラー，J.（1990=1999）竹村和子訳『ジェンダー・トラブル―フェミニズムとアイデンティティの攪乱』青土社
藤田由美子（2011）「スポーツマンガにおけるジェンダー秩序に関する考察―野球マンガにおける女性監督の分析より」『九州保健福祉大学研究紀要』12，pp. 69-78
藤田由美子（2017）「大学生はいかにスポーツマンガを読むのか―攪乱的ジェンダー表象をめぐる解釈的インタビューの分析」『福岡大学人文論叢』49(1)，pp. 275-306
ホール，A.（1996=2001）飯田貴子・吉川康夫監訳『フェミニズム・スポーツ・身体』世界思想社
山下大厚（2001）「ジェンダー／セックス／身体―アイデンティティの不連続と攪乱―アスリート人見絹枝における闘争的身体と存在証明をめぐって」『法政大学大学院紀要』47，pp. 127-137

第2部　学校教育とジェンダー

特別支援教育とジェンダー

　2006年の学校教育法改正により，障がいのある子どもの教育は「特別支援教育」と改められた。「特別支援教育」では，特別支援学校だけでなく幼稚園・小学校・中学校・高等学校等でも，特別なニーズを有する子どもを対象に「障害による学習上又は生活上の困難を克服するための教育」（同法第81条）が行われる。また，2013年制定の「障害を理由とする差別の解消の推進に関する法律」では，「全ての国民が，障害の有無によって分け隔てられることなく，相互に人格と個性を尊重し合いながら共生する社会の実現に資すること」（同法第1条）をめざし，官公庁や事業所による不当な差別的取扱いの禁止と「合理的配慮」の提供（第7条・第8条）等が求められている。

　現在，学校教育現場では特別支援教育が重要な課題である。学校園は，特別支援学校や療育センター等と連携して特別なニーズを有する子どもの「個別の指導計画」「個別の教育支援計画」を作成し，支援と引継ぎに活用している。

　一方，ジェンダーの視点からみると，特別支援教育には課題がある。まず，女の子はジェンダー役割期待に従って振る舞うことで「典型的」症状があらわれにくく特別なニーズを見過ごされやすいうえ，職業訓練の機会が乏しく訓練内容もジェンダー・ステレオタイプ化されているといわれる*。教師は，教室のなかで見過ごされがちな女の子の特別なニーズを発見する必要がある。

　また，「合理的配慮」という概念も，社会的カテゴリーの視点から再検討が必要である。「合理的配慮」は「より『個人』にフォーカスしたアプローチ」であり，個人のニーズにきめ細かい対応が可能である一方で「『数的』な不均衡の存在を持ち出しにくい」という欠点もある**。特別なニーズを有する子どもが抱える困難は，ジェンダー，階級，民族などさまざまな社会的カテゴリーとの交叉で立ち現れるため，その子どもの「特別な」ニーズが見えにくいこともしばしばある。したがって，学校には，一人ひとりの子どもを個別的に適切な支援に繋げるだけでなく，他の社会資源と連携しつつ，社会的カテゴリーに焦点化した支援を行うことが求められる。

〔藤田由美子〕

＊古田弘子（2013）「障害のある女子の教育とジェンダーに関する文献的考察─女子の比率過小とキャリア開発に焦点をあてて」『熊本大学教育学部紀要』62, pp.153-157
＊＊飯野由里子・星加良司（2008）「合理的配慮とポジティブ・アクション─差別禁止アプローチの有効性と限界」障害学会第5回大会（http://www.jsds.org/jsds2008/2008html/p_iinohoshika.htm, 2017.12.11最終閲覧）

第3部

進路選択とジェンダー

8章 進路選択

キーワード

進路選択　高等教育　大学進学率　ジェンダー・トラック　ISCED

はじめに

　この本を手にしている方の多くは大学生だと思われるが，大学に進学したのはなぜだろうか。義務教育でもないのに高校へ進学し，高校を卒業すると大学に進学する人が多いが，そこにジェンダーによる差はあるだろうか。あるとしたら，なぜだろうか。本章ではデータに基づきながら考えていく。

1．進学率とジェンダー

　戦後日本の教育制度において義務教育とされているのは，小学校と中学校の9年間であり，ほぼ100％の就学率を維持している。高等学校は義務教育ではないが，1970年代以降，中学校卒業者の9割以上が進学するようになり，実質的には誰もが進学する教育機関となっている。これを男女別にみると（図8-1），1950～60年代こそ，女子の高校進学率が男子を下回っていたものの，その後，男女間に大きな差はみられなくなった。つまり，現在の日本では初等中等教育段階での就学・進学は普遍的な状況にあり，性別による差もみられない。
　では，高等教育段階はどうだろうか。高校卒業後の進路として，就職ではなく進学を選択する人の割合は増加しており，2022年に大学に進学した女子は約53％，短期大学（以下，短大と表記）への約7％と合わせると6割が大学・短

8章　進路選択

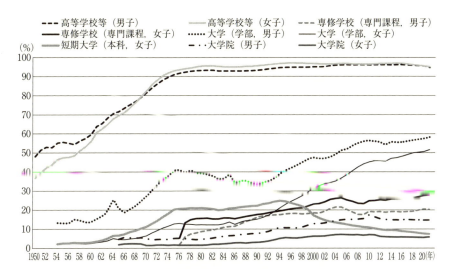

図8-1　高等教育機関等への進学率（男女別）

出所）内閣府『男女共同参画白書　令和4年版』より筆者作成。

大に進学している。10年前の大学（46%）と短大（10%）を合わせた女子の進学率は5割半ば，30年前のそれは約4割（大学17%，短大24%），そして50年前には2割を超える程度だった（大学9%，短大14%）ので，着実に上昇してきたことになる。一方の男子は，1970年には大学進学率が3割を超え，その後，停滞期があったものの，2005年には5割を超えた。

短大への女子の進学率については，1970年代前半までは大きな上昇傾向が見られる。しかし，1990年代半ばには大学進学率の方が短大を上回るようになり，短大進学率の低下傾向が続く。現在では1割に満たない状態となっており，女子の進学志向性が短大より大学へシフトしてきたことが読み取れる。その一方で，男子の短大への進学率は一貫してきわめて低かった（図には含まれていない）。

以上のように，同じ期間でも大学進学率には男女間に差がみられ，どの年度でも男子の進学率は女子より高い。その傾向は現在も残っており，大学進学率には約8パーセント程度の差が生じている。同じ傾向は大学院への進学率でも

109

同様で，約9パーセントの男女差がみられる。こうした現象とは反対に，短大への進学率は初期を除いて圧倒的に女子の方が高かった。しかし，近年は女子の短大への進学率自体が低下している。

このように，初等中等教育段階での就学率・進学率には男女間の差が見られないのに，高等教育段階になると顕著な差が現れる。大学卒業者や大学院修了者の多く（7割前後）は就職していくことから，高等教育は初等中等教育段階より就職との関連性が強いと考えられる。だとすれば，初等中等教育では生じていない男女間の差が高等教育でみられるようになる背景に，職業選択との関わりがあると思われる。ここでは，こうした視点で高等教育におけるジェンダー・ギャップについて考える。

ところで，教育におけるジェンダー・ギャップをとらえる際，教育の量的な側面と質的な側面の両方から検討する必要がある。ここでいう量的側面とは，進学者数や在学者数などの人数や就学率・進学率，あるいは中退率・卒業率などの比率の男女間の差を指す。また，質的側面とは，おもに教育内容の選択をめぐる平等性（たとえば，進学可能な教育機関や，中等教育レベルの教科や高等教育レベルの専攻の選択）と，教育を受けた結果に関する平等性の表れである学業成績等を指す。量的な側面でジェンダー・ギャップが見られなくても，質的ギャップが潜んでいる場合が少なくない。先にみたように，初等中等教育段階においては量的なジェンダー・ギャップはほとんどみられないが，だからといって質的なジェンダー・ギャップがないとは限らない。高等教育段階では，量的にも質的にもギャップがみられるが，初等中等教育段階に存在する質的ギャップがその差を生みだすことに繋がっているかもしれない。

2．進路選択にみるジェンダー・ギャップ

(1) ジェンダー・トラック

先述したように，高等教育機関等への女子の進学率は年々上昇しているが，男子との間には大きな差がみられる。なぜ，このような差が生じるのだろう。

高校生の男女間の学力に大きな差があるのだろうか。そうではない。1990年代の調査結果には、高校の偏差値ランクが同じ場合、トップ校の大学進学率に男女差はないが、それ以外のランクでは顕著な男女差がみられた。その差は、四年制大学に進学できる学力水準がありながらも短大等への進路を選択する女子が存在するために生じている（中西 1998）。つまり、女子の大学進学は学力とは異なる何かに規定されていると考えられる。中西（1998）は、女子高校生や女子大学生を対象とする調査によって、学業成績とは別の要因として「性役割観の内面化プロセスを媒介する進路分化メカニズム」を見出し、「ジェンダー・トラック」と名づけた。高校や大学は、そのランクにかかわらず性役割を社会化する機能を有しており、その特徴に応じて生徒や学生の進路を「水路づけ」ていくのである。さらに、性役割観に基づく進路選択は家庭の影響力から独立していることを明らかにした。このことは、教育組織が女子になんの性役割観も伝達せず、男子同様に学力だけで進路選択をするならば、大学進学率に見るジェンダー・ギャップは生じないことを示唆している。

　中西の調査は1990年代に行われたものだが、その後、女子の大学進学率は短大への進学率を上回るようになる。伝統的な性役割観に基づく教育を行っていた教育機関も、時代とともにその教育観を変容させてきたと思われるが、その背景には、1985年に男女雇用機会均等法が制定（1986年4月施行）され、労働の場でのあからさまな女性差別の解消がめざされるようになった影響があるかもしれない（ただし、「一般職」「総合職」のコース別採用という形で間接差別は温存された）。

　中西の研究から20年以上がたった現在、高校卒業後の男女の進学状況はどのようになっているだろうか。以下では、前述した二側面からの見方を念頭に置きながら、進学先機関だけでなく、進学先の学科や専攻によって学習内容の面からもとらえ直していく。

(2) GPIからみる高等教育進学とジェンダー

　ここでは、高等教育機関ごとの学生数に注目し、GPI（Gender Parity Index）

第3部　進路選択とジェンダー

という国際的に使用されている指標を用いて、ジェンダー・ギャップの詳細をとらえていく。GPIは、初等、中等、高等教育における男子生徒・学生に対する女子生徒・学生の比率（1：x）を示す値で、1より大きければ女子生徒・学生の方が男子生徒・学生より多いことを、0～1未満であればその逆を意味する。つまり、男子と比較して女子は教育機会が均等であるかを示す値である。表8-1に、「令和5年度　学校基本調査（速報値）」（文部科学省 2023）から算出した教育機関別・設置者別のGPIを示した。

まず、教育機関別のGPIをみると、ばらつきがあることがわかる。大学のGPIは0.81、大学院は修士課程も博士課程も0.50前後と低い値となっている。高等専門学校のGPIは0.30とさらに低く、高専が1961年に中級の理工系人材育成を目的に設置された学校であることをふまえれば、教育内容の質的側面ともかか

表8-1　高等教育機関の在籍状況（設置者別・男女別）

2023年度	在籍者	設置者計	国　立	公　立	私　立
高等専門学校	女性学生数	12,174	11,371	569	234
	GPI	0.30	0.31	0.19	0.16
短期大学	女性学生数	72,899		4,065	68,834
	GPI	6.82		4.17	7.09
大　学	女性学生数	1,314,393	214,492	88,429	1,011,472
	GPI	0.81	0.56	1.14	0.87
大学院（修士課程）	女性学生数	53,417	26,107	4,391	22,919
	GPI	0.46	0.38	0.62	0.58
大学院（博士課程）	女性学生数	26,217	16,835	2,025	7,357
	GPI	0.53	0.49	0.58	0.64
専門職学位	女性学生数	7,594	3,343	229	4,022
	GPI	0.55	0.65	0.41	0.50
合　計	女性学生数	1,486,694	272,148	99,708	1,114,838
	GPI	0.81	0.51	1.08	0.90

出所）文部科学省（2023）「令和5年度 学校基本調査（速報版）」より筆者作成。

わっていることがうかがわれる（9章を参照）。これらに対して、短大のGPIは6.82ときわめて高い。このようなGPIの検討からわかるのは、どの教育機関にも均等に男女が在学しているわけではないことである。性別による不均衡がとくに顕著なのは短大と高専で、前者は女性、後者は男性がマジョリティとなっている。

次に設置者別にみると、女性の多くが学んでいるのは、国立以外の教育機関であるという実態が浮かび上がる。たとえば、大学全体のGPIは1未満であったが、公立大学については1を超えている。私立大学のGPIは1に満たないが、国立大学より高い。つまり、国立大学は女性の学生をあまり受け入れていないといえる。同様の傾向は大学院でもみられ、国立の大学院の修士課程のGPIは0.38、博士課程は0.49と、公立や私立より低い値となっている。高等専門学校と専門職大学院の国立機関のGPIは他よりやや高いが、これら全機関のGPIをみると、国立は0.51、公立は1.08、私立は0.90であり、国立の教育機関で学ぶ女性の少なさが明瞭になる。国からの公的資金の投入の多寡が性別によって異なることがうかがわれる[2]。二年制高等教育機関でのジェンダー・セグリゲーション（性別分離）が顕著であったが、その経営は、ほぼ私立が支える短大と、ほぼ国立が支える高専という構造になっている。このように、高校卒業後に選んだ教育に対する国からの投資に顕著な男女差がみられる。

3．高校卒業後の進路におけるジェンダー・ギャップ

前節において、高等教育機関別の在学者に着目すると、量的にも質的にもジェンダー・ギャップがあることがわかったが、周知のように高校卒業後の進学先は他にもある。専修学校である。日本では学校教育法第1条に定められた学校[3]を高等教育機関とみなすのが一般的であったため、多くが短大や高専と同じ2年間の修学期間である専修学校（一般に「専門学校」とは専門課程を指す）は高等教育機関に含まれていないことが多い。ただし、大学への編入が可能な専門課程は高等教育機関とみなされるようになった。

第 3 部　進路選択とジェンダー

　その専門学校への進学率はここ数年，上昇を続けており，高校卒業後に選択する重要な進路のひとつとみなされるようになっている。そこで，本節では専修学校も視野に入れて，高卒後の進路の全貌をとらえていきたい。
　「平成29年度 学校基本調査」によれば，2017年 3 月の高校卒業者は，約107万人であった。高校卒業後の女子の進路をみると，大学進学者が約25万人でもっとも多く（47.8％），それに専修学校（専門課程）進学者が約10.6万人（20.1％）と続き，短大は 1 割に満たなかった（8.8％）。専修学校の一般課程を加えると，専修学校に進学した女子は約24％となり，大学に次ぐ進学先となっていることがわかる。男子の場合は約27万人（51.1％）が大学に進学し，専修学校（専門課程）へは6.7万人（12.5％）が進学した。専修学校に一般課程（約 3 万 7 千人）を加えると，19.4％が専修学校に進学したことになる[4]。なお，就職者は女子（13.4％）より男子（21.5％）の方が多く，大学進学者と就職者の合計は女子では約 6 割，男子では 7 割強となる。このことから，「大学か就職か」という選択を行うのは女子より男子に多く，その他の進路も含めて選択しているのは女子に多いことがうかがわれる。
　いずれにしても，今や，専修学校へ進学する女子は短大進学者の 2 倍以上の規模となっており，女子の進路選択を考えるにあたって専修学校は看過できない教育機関となっていることがわかる。従来，高等教育への進学状況については，主に短大・大学進学率が注目されてきたが，このように一括してとらえることで女子の進路選択の実情が見えにくくなっていたと考えられる。短大への志向性が低下する一方で，専門学校への志向性が高まっている実態をとらえ，こうした現状の背景を探ることが重要である。
　そこで，ISCED2011に則して，短大と専門学校を「短期高等教育（ISCED 5）」と位置づけて考えていこう。ISCED（国際教育標準分類）は，ユネスコが開発し，OECD等で用いられている教育プログラムの分類で，国によって多様で複雑な教育制度を比較するために作成されている。ISCED1997から変更されたISCED2011では，「幼児教育（ISCED 0）」から「博士課程又は同等の学位プログラム（ISCED 8）」までの区分が設定されている。高等教育段階は，短期高等教育のほか，「学

士課程又は同等レベル（ISCED 6）」,「修士課程または同等レベル（ISCED 7）」,そして「博士課程又は同等レベル」がある。『図表でみる教育 OECDインディケータ（2015年版）』によれば，2013年にISCED 5に初回新入学した者に占める日本の女性割合は61％で，OECD平均（54％）より高かった。一方，ISCED 6への初回新入学者に占める女性割合は47％でOECD平均（54％）より低く，ISCED 7（33％）やISCED 8（31％）の日本の女性割合はOECD平均（順に，56％，48％）よりかなり低い。同じ東アジア圏の韓国のISCED 6～8の女性割合はいずれも日本より高く（47％，50％，40％），日本の女子の高等教育進学状況の特異性を知ることができる。

　あらためて，国内のISCED 5と6に照らしてGPIをみてみると，ISCED 6は0.91と1を下回るのに対し，ISCED 5は1.59と女性の多さが明瞭になった（2016年度）。さらに，専修学校から予備校を含む一般課程を除外すると，そのGPIは2.14となり，女子の短期高等教育機関への進学者が男子より高いことがはっきりと見て取れる。女子の高等教育への進学率は上昇し，短大より大学への進学率が高まったとはいえ，一条校以外への進学を視野に入れた場合には，依然として顕著なジェンダー・ギャップが存在しているといえる。

4．高等教育における質的ジェンダー・ギャップ
―女子の短期高等教育機関進学の背景―

　では，なぜ女子は短期高等教育機関へ進学する者が多いのだろうか。ここでは，短大と専門学校の設置学科や入学者数に注目し，「学校基本調査（平成29年度）」（文部科学省 2017）を用いて質的な面から考えていく。

　まず，短大から検討する。短大は「一条校」でいう大学の一部であるが，戦後教育改革で大学に移行できなかった（旧制）専門学校の経過措置として設置され，1964年に永続化されたという経緯をもつ。2017年度現在，全国の短大数は337校であり学科数は651であるが,，そのなかで最も多い学科は「教育」であり（210校），そのうちの8割が「幼稚園教育」（179校）である。これに続く

のが「家政」で（140校），そのうちの6割（86校）が「家政学」である。高校卒業後に短大に進学した女子の人数をみても，最も多い進学先は「教育」（50,391人中20,584人）で，そのほとんどが「幼稚園教育」（17,615人）である。これに「家政」（10,399人）が続く。短大進学者の6割がこの2学科に進学しているのである。これらの学科の主な教育内容は，子どもの保育や教育，家庭内の仕事等に関する知識やスキルに関するものが多いことから，伝統的な女性役割やその延長にある仕事に就くことが志向されていると考えられる。

　戦後の教育制度において，短大は「社会の要請する女性像」を基盤として発達してきたといわれる。主に1960年代までは中産階級の男性の妻としての教養を身につけることが重視され，1970年代以降には若年短期労働者として必要な知のみの獲得が期待されるようになるなど，その時代時代の性別役割構造を維持してきた（亀田 1986）のである。亀田の分析以降，短大は四年制大学への改組などによって全体的規模を徐々に縮小させ，その教育内容も更新してきた。このことは，女性に対する従来の社会的要請が縮小したことのあらわれとみなすこともできる。しかし，上述したように，短大の設置学科は大学型高等教育機関に比べて偏りがみられ，従来の機能も今なお維持していることがうかがわれる。

　次に，専修学校について検討する。2017年度現在，専修学校は3,172校あり，専門課程のうち最も多い学科は「文化・教養関係」の1,956校で，「医療関係」（1,861校）や「商業実務関係」（1,392校）がこれに続く。「医療関係」のなかでは「看護」が706校と最も多く，「理学・作業療法」（332校）が次に多い。先に見たように，専門学校には短大進学者の約2倍の女子が進学しているが，その多くが，看護師などのいわゆるコメディカル（医療従事者）や福祉関係の資格や免許の取得につながるカリキュラムを有する学科となっている。全学科のうち女子の入学者数が最も多いのも看護（28,898人）である。男子の入学者数が最も多いのは「受験・補習」（19,610人）であることとは対照的である。

　専修学校は，高卒後の進学要求の高まりに応える形で創設された制度（1976年）で，一条校とは区別された中等後教育機関として，実践的な職業教育や専門的な技術教育を行ってきた（瀧本 2011）。緩やかな設置基準は，社会変化へ

の柔軟な対応を可能にし，高等教育抑制政策期には職業教育重視の特性を保ちながら大学・短大を補完する役割を，18歳人口減少期以降は不況に強い「独占型職業資格」や新しいニーズに対応した人材の教育を担ってきた（陳 2003）。医療の高度化・複雑化・効率化によって高まった医師をサポートするさまざまな人材の必要性や，少子高齢化の進展によってますますニーズが高まる介護・福祉系の人材の育成に，専門学校が応えてきたのである。

　以上から，女子が短期高等教育機関に多く進学する背景として，現代日本の雇用・労働市場との関連が無視できないと考えられる。大学より短い期間の教育投資にもかかわらず高い就職率が見込まれ，また，取得した資格や免許が再就職を有利にする可能性があるとすれば，高校卒業後に大学ではなく短期高等教育機関への進学を選択するのは，ある意味で合理的である。しかも，その個人の選択は，保育士や幼稚園教諭，看護師，コメディカルや介護福祉職など，現代日本が直面している少子高齢化という深刻な社会問題を解決する職業である点で，社会的な利益ももたらす。塚原（2005）によれば，資格制度は労働力の供給制限にあたり，業務独占資格は職業選択の自由を制限する[5]とされるが，公共の福祉の増進にむすびつく領域に限って資格制度が認められるという。すなわち上記で見た職業領域は，これらに該当する。このような職業に接続することを鑑みれば，短期高等教育機関への進学は，個人にとっても社会にとっても，きわめて意味のある選択だと思われる。

5．今後の課題

　前節で，女子は男子以上に個人的にも社会的にも重要とみなされる職業に繋がる進路選択をしていることが明らかになった。では，多くの女子が短期高等教育機関に進学することは，歓迎すべき事態だろうか。答えは，NOだ。女子の短期高等教育機関への進学傾向は，下記の点において課題があると考えられるからだ。

　第一に，国際的に，そもそも量的なアンバランスは解消される必要があると

いう考え方があり，現状はそれに及ばないことである。たとえば，国連開発計画（UNDP）は，すべての人に包括的かつ公平で質の高い教育を提供し，生涯学習の機会を促進することを国際的な目標[6]としている。日本も国連加盟国として，これに準ずる必要があることから，2015年に策定された「第4次男女共同参画基本計画」においては「大学学部段階修了者の男女割合の縮小」を掲げ，政策的に取り組むこととなった。

　第二に，短期高等教育機関の教育内容の多くは特定の職業とのみ強い関連をもつため，職域のジェンダー・ギャップを拡大させる方向に機能する可能性がある。この選択が，個人的にも社会的にも非常に重要な選択であるならば，もっと多くの男子が選択するはずだが，現状はそうではない。このことは，少子高齢化を支える職業が，社会的に重要であっても，男性という性別をもつ個人にとっては重要な選択ではないことを意味しており，それは同時に，これらの職業をめざす男性の意欲を下げたり，選択を躊躇させたりすることになりかねない。また，女性がこれらの職業を選択しようとする背景に，資格や免許がないと就職や就労継続が難しい現状が垣間見える。とりわけ，専門学校卒業生は中堅以下の企業に就職する傾向があり，いわゆる日本型雇用慣行からやや外れた位置にある点に（塚原 2005），留意すべきである。短期高等教育機関への進学そのものは批判される選択ではないが，そこにジェンダー・ギャップがある現状については批判的にとらえる必要がある。

　そして，第三の理由として，女子が大学型より短期高等教育機関の進学先を選択せざるを得ない状況に置かれていると推察されることが挙げられる。大学に進学するには，少なくとも，4年間の直接的間接的費用を負担できる経済力があることと，大学進学に対する周囲の理解や支援があることが必要となる。これらが欠けた場合に，大学ではなく短期高等教育機関に進学せざるを得なくなる女子がいる可能性がある。日本の親は息子ほどには娘の教育に投資しない傾向があるとする研究（平尾 2005, 小林 2008）は，家計が厳しい場合，男子は無理をしてでも大学進学機会を与える努力をしてもらえるのに対し，女子はそこまでしてもらえないケースがあることを示唆している。このような場合，授

業料等の直接経費が大学より少なくすみ，下宿代などの間接費用がかからない教育機関が選択されやすくなる。

　さらに，第三の理由と関連して，第四の理由を挙げることができる。間接経費を勘案すると，都市部と地方との間の進学格差が生じることが考えられるが，それが女子に顕著に表れることが懸念される。たとえば，進学校生徒を対象とする調査分析によれば，地方において女子であることは，難関大学への志向に関してマイナスの影響を及ぼす（有海 2011）。都市部では女子であることが難関大学志向に影響しないのに，地方では進学校に入学した女子であっても難関大学への進学志向をもっていない（もてない）ことになる。また，地方と中央都市の生徒の進学等に対する意識や行動特性は異なっており，「ローカル・トラック」（吉川 2001）といわれているが，この格差が女子により強く表れることが推測される。その結果として，男女間の差だけでなく，都市と地方の女子の間に格差を生じさせることが懸念される。

　以上のことは，大学進学率と大学収容力[7]の地域格差を分析した佐々木（2006）の研究によっても明らかにされている。佐々木によると，女子の進学率には大学収容力が与える影響が大きい。また，1975年から1990年までの男子の進学率の地域間格差は縮小しているのに，女子は拡大しているという。三大都市圏での女子の進学率上昇が大きく，地方との格差が大きくなったためである。

　これらの研究から示唆されるのは，都市部より地方の女子の方が，大学進学における障壁が大きいということである。地方においては，大学進学（とりわけ難関大学への進学）が自宅を離れることとほぼ同義となるため，保護者や本人の心理的不安や経済的負担の程度によっては，抑制的な進学行動をとらざるをえない。大学の存在自体が身近である都市部と違って，大学数自体が少ない地域では女子の大学進学アスピレーション自体が形成されにくいだろうし，こうした実態の連鎖は，女性が大学に進学しても意味がないという意識を地域社会のなかに温存させるに違いない。正月返上で登校して受験準備の学習をしている女子生徒が，入試直前にもかかわらず「大学に行っても結婚できますか」という質問を真面目に投げかけてくる現実は，過去のものではない[8]。こうし

119

第3部　進路選択とジェンダー

た地域に生きるかれらにとっての「最善」の選択が，就職や結婚に不安のある大学に高額の費用を投じて進学することでないことは明らかだろう。

　以上から，社会経済的理由や地域の文化的背景が絡み合って，短期高等教育機関に進学する女子が多くなっていると考えられる。特定の性別であることや特定の地域に住んでいることが進学に対する不利をもたらす状況を改善し，短期高等教育機関を選択せざるを得ない女子を減らすことが早急に取組まれるべき課題である。この課題解決のためには，高等教育へのアクセシビリティを拡大させる施策が必要だ。そのために，地域の大学収容力を上げることや進学にともなう家計負担を低減させる方策があるだろう。そもそも日本の高等教育機関は私立が多く，家計負担が大きい[9]。4年間の私費負担の大きさが，女子に大学より短期高等教育機関を選択させる一因となっている可能性は多分にあることから，私費負担をOECD諸国並みに下げる政策が求められよう。　　　　［河野銀子］

考えてみよう

① 中学生や高校生がジェンダー平等なキャリア（進路）選択をするために，教師は何ができるか，意見を出し合ってみよう。

② 東京大学は，自宅から通学できない女子に対する，家賃支援（月額3万円）を決定した。都市と地方の女子の大学進学格差の縮小に効果があるか，考えてみよう。

【注】
1) http://www.mext.go.jp/component/b_menu/houdou/__icsFiles/afieldfile/2013/08/07/1338338_01.pdf（2018.3.1最終閲覧）
2) 公立のGPIについては，教育機関の数や設置学科の偏りを勘案する必要がある。
3) いわゆる「一条校」とは，「幼稚園，小学校，中学校，義務教育学校，高等学校，中等教育学校，特別支援学校，大学及び高等専門学校」を指す。
4) 専修学校の一般課程には一部の大学予備校等が含まれる。
5) 「業務独占資格」とは，特定の業務は特定の有資格者のみしか行えないと法令で定めている場合の資格。資格付与側の権限が大きくなり，多様な方法で参入することができないことから批判がある。
6) 「持続可能な開発目標（SDGs）」は17項目あり，その4項目に掲げられている。(http://

www.jp.undp.org/content/tokyo/ja/home/sdg/post-2015-development-agenda/goal-4.html　2018.3.1最終閲覧）
7）同研究における定義は次の通り。「大学進学率＝高校の所在地県別大学入学者数÷出身県の3年前の中学校卒業者数」「大学収容力＝大学の所在地県別大学入学者数÷入学県の3年前の中学校卒業者数」
8）2011年1月に筆者が訪問した高校での出来事である。
9）OECD（2012）によれば，2010年の日本の高等教育全費用の65.6％は私費負担で，OECD諸国平均（31.6％）の約2倍であった。

【引用・参考文献】

有海拓巳（2011）「地方／中央都市部の進学校生徒の学習・進学意欲―学習環境と達成動機の質的差異に着目して」『教育社会学研究』第88集，pp. 185-204

亀田温子（1986）「女子短期大学―教育とセクシズム」天野正子編著『女子高等教育の座標』垣内出版，pp. 119-139

吉川徹（2001）『学歴社会のローカル・トラック―地方からの大学進学』世界思想社

経済協力開発機構（OECD）編著（2013）『図表でみる教育 OECDインディケータ（2013年版）』明石書店

小林雅之（2008）『進学格差―深刻化する教育費負担』ちくま新書

佐々木洋成（2006）「教育機会の地域間格差―高度経済成長期以降の趨勢に関する基礎的検討」『教育社会学研究』第78集，pp. 303-320

瀧本知加（2011）「専修学校制度の構造と一条校との関連性」大阪市立大学紀要『教育学論集』第37号，pp. 29-38

陳曦（2003）「専門学校の研究」『東北大学大学院教育学研究科研究年報』第51集，pp. 67-78

塚原修一（2005）「専門学校の新たな展開と役割」『日本労働研究雑誌』No.542，pp. 70-80

中西祐子（1998）『ジェンダー・トラック―青年期女性の進路形成と教育組織の社会学』東洋館出版社

平尾桂子（2005）「教育投資とジェンダー格差」武内清編『大学とキャンパスライフ』上智大学出版，pp. 117-142

舞田敏彦（2008）「地域の社会経済特性による子どもの学力の推計―学力の社会的規定性を克服する教育条件の探求」『教育社会学研究』第82集，pp. 165-184

文部科学省（2016）「平成28年度　学校基本調査」

文部科学省（2017）「平成29年度　学校基本調査」

9章 文理選択

キーワード

文系・理系　　PISA　　理科嫌い　　ジェンダーによる水路づけ

はじめに

　前章でみたように，高等教育への女子の進学率は上昇してきたものの，短期高等教育機関への進学が多いという特徴があり，大学進学に限れば，男子との間に8ポイント程度のギャップがある。そこで，本章では，とくに大学進学者に注目し，専攻分野の実態をとらえ，その背景をジェンダーの視点で考察していくことにする。

1．進学先の実態

　はじめに，「学校基本調査」（文部科学省）によって，2016年度の学生の実態をみておこう。2016年度の大学入学者数は618,423人で，男性は337,756人，女性は280,667人であった。このように女性の入学者数は男性より約5.7万人少ない現状があるが，彼女／彼らの所属する大学や専攻の状況はどうなっているだろうか。

　2016年度の大学数は777であるが，そのうち国立が86，公立が91，私立が600と，大学のうちの77％が私立大学である。そして，入学者の43％は私立大学の男性，36％は私立大学の女性であり，これに国立大学の男性の10％，国立大学の女性（6％）が続く。公立大学入学者は女性が3％と男性（2％）より多い

9章　文理選択

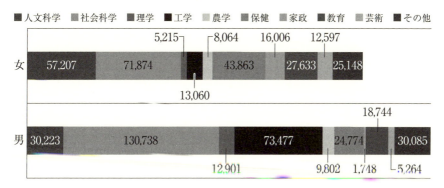

図9-1　関係学科別入学者数
出所）文部科学省（2016）「平成28年度 学校基本調査」

表9-1　関係学科別大学入学状況

	女	男	GPI
人文科学	57,207	30,223	1.89
社会科学	71,874	130,738	0.55
理　　学	5,215	12,901	0.40
工　　学	13,060	73,477	0.18
農　　学	8,064	9,802	0.82
保　　健	43,863	24,774	1.77
家　　政	16,006	1,748	9.16
教　　育	27,633	18,744	1.47
芸　　術	12,597	5,264	2.39
そ の 他	25,148	30,085	0.84
計	280,667	337,756	0.83

出所）文部科学省（2016）「平成28年度 学校基本調査」

傾向がみられる。地域社会のニーズに応える学科等を設置することが多い公立大学は，地域の女性の進学先としても有効に機能していることがうかがえる。

　図9-1に，男女別に入学先の学科を示した。男性は社会科学がもっとも多く約4割でこれに工学が続き，この2学科で男性の6割（20万人）を超える。女

123

第3部　進路選択とジェンダー

性も社会科学が多い（約26％）ものの，人文科学（約20％）や保健（約16％）も加えた3学科を合わせないと6割を超えない。男性より女性の方が多様な学科を専攻していることから，選択行動は男女で異なっていると考えられる。

　こうした傾向は，各学科で学ぶ学生の男女比に表れている。表9-1には，男女別入学者数とGPI（8章参照）を，文部科学省の大分類ごとに示した。これらをみると，工学のGPIは極めて低く，理学や社会科学も低い。その一方，家政は極めて高く，芸術や人文科学，保健も高くなっている。なお，保健については，女性の学生比率が9割となっている看護学の占める割合が高いため，全体のGPIが高くなっているが，保健の中の医学や歯学のGPIは1を下回る。このように，学生の男女比率は専門分野によって大きく異なっているのである。

　以上のように，大学入学状況をジェンダーの視点でみた場合，進学率の差だけでなく，選択する専攻にも大きな違いがあることがわかる。では，なぜ男女間に差異が生じているのだろうか。本章では，GPIがもっとも低かった工学と次に低かった理学を中心に考えていきたい。これらの「理工系」の専攻は，科学技術分野の人材育成という観点から注目されることが多い。昨今の国際社会において，科学技術分野の強化は競争力の向上に密接に関連するものとみなされており，各国政府が巨大な予算を投じて，理工系分野を専攻する女性を増やす政策的取り組みを行っている。イノベーションを生み出すには科学技術人材の多様性が重要であることが共通認識となっており，とくに人材が少ない集団（女性やエスニック・マイノリティなど）を育成することが政策的課題となっているのである。

　こうした認識や課題の登場とともに，欧米では，理系分野に女性が少ない要因を探る研究が蓄積され（たとえば，ウィリアムス＆セシ訳書 2013），それらに基づく政策提言なども行われている（たとえば，ヴァイクマン訳書 2004）。翻って日本の現状をみてみると，断片的な研究こそ散見されるとはいえ，研究自体がわずかしかなく，研究と政策の往還も少ない。長らく女性科学者の育成が日本の政策課題とされてこなかったことがこうした事態の背景にあると思われるが，この数年，状況が変化しており改善が期待される（次章参照）。

２．理科の学力と理科への関心

　上述したように，日本では大学での理工系専攻に女子が少ない要因を正面から議論した研究は少ないので，以下，大学入学以前に注目した研究を中心に，理系進路選択に影響を与えると思われる諸要因について検討していく。本節では，小中学校段階における理数系科目の学力やそれらに対する興味・関心に注目する。

(1) 学力

　全国的な学力テストが実施されるようになって10年近く経つが，都道府県別の結果が公表されたり，学校ごとの結果開示の是非が議論されたりしている。しかしながら，テスト結果は男女別に公表されていないし，男女の学力に関する議論がなされている様子はない。上述したように，女性の理系進路選択に関する研究蓄積のある欧米では，学力の男女差の実態把握と要因分析が進んでいるが，今のところ，日本はそうした状況にはない（宮崎 2013）。

　そこで，PISA（OECD生徒の学習到達度調査）の結果から，男女別の傾向をみておこう。PISAは，OECDが15歳児を対象として実施している調査で，その目的は「各国の子どもたちが将来生活していく上で必要とされる知識や技能が，義務教育修了段階において，どの程度身に付いているかを測定すること」にある（国立教育政策研究所編 2010）。調査は2000年以降，3年ごとに行われており，OECD加盟国だけでなく非加盟国・地域も参加している。結果は国別に加えて男女別にも公表されているので，学力とジェンダーの関係を国際的にとらえる際には貴重な調査となる。

　ただし，この結果を学力の全てをあらわすものとして理解しないよう留意したい。というのは，学力は個々の子どもに予め備わっているというより社会的に構成されるものであり，また，この調査が，世界各国の教育を共通の枠組みで比較するインディケータ事業の一環であることによる。つまり，国際比較を

行いやすいフレームを用いて，子どもたちの多面的・多層的な学力の一側面だけをとらえているのである。そのため，欧米ではPISAに対する反対運動が起きている（鈴木 2016）。これらの理由で留保が必要となるが，理工系専攻に女子が少ない理由が学力に起因するかどうかの一面を探ることはできるであろう。

具体的には，2012年調査の理数系の学力に関係する「数学的リテラシー」と「科学的リテラシー」の得点をみていく。日本では高校1年生がPISAの対象となっているのだが，先に見た2016年の大学入学者が高校1年生だったのは2013年で，2012年調査がこれに最も近いからである。調査には，31のOECD非加盟国・地域を含む65か国・地域が参加したが，これらの得点の男女差について，2012年調査国際報告書（国立教育政策研究所編 2013a）で確認しよう。

まず，数学的リテラシーの得点をみると，統計的に有意に男子の方が高い国は36か国，その逆は5か国であった。男女の得点差のOECD平均は11点で統計的に有意に男子が高かったが，日本の男女差はそれよりさらに大きく，女子より男子が18点高かった。2009年調査では日本の15歳児の数学的リテラシーに統計的に有意な男女差はみられなかった（国立教育政策研究所編 2010）し，2003年と2012年の男女差の経年変化に統計的に有意な差はない（国立教育政策研究所編 2013a）とされているので，得点の男女差は可変性があるといえる。

次に，科学的リテラシーの得点をみておこう。統計的に有意な男女差は27か国でみられ，女子が有意に高いのは17か国で，その逆（10か国）より多かった。また，OECD平均には男女間に有意な得点差はなかったが，日本の15歳児の科学的リテラシー得点は，統計的に有意に男子が高かった。2009年調査では男女間に有意な差はなかった（国立教育政策研究所編 2010）し，2006年と2012年の男女差の経年変化に統計的に有意な差はない（国立教育政策研究所編 2013a）ことから，実施年によって男女差の表れ方が異なることがわかる。

以上のように，PISA2012において，日本の義務教育修了段階の男女の理数系学力には差がみられた。ただ，PISA調査が開始された2000年以降の経年変化をみると，2006年の数学的リテラシーで有意に男子の得点が高かった以外は，いずれのリテラシーにも男女差は見られなかったため，単年度の結果をもって

男女差を固定的にとらえることはできない。また，国によって男女差のあり方が大きく異なる結果は，学力差の背景に文化的な差があることを示唆している。以上から，数学や理科（科学）の学力不足を理工系の専攻に女子が少ない理由として特定するのは妥当ではない。

(2) 関心

ここでは，理数系科目への関心についてみておこう。学力観の転換にともなって，知識や技能の習得だけでなく，学ぶことに対する意欲や関心などを含む広義の学力が重視されるようになっている。本項では，こうした学力の男女差に着目する。

PISAやTIMSSなどの国際的な学力調査においては，子どもたちの教科に対する興味や関心を尋ねる質問項目がある。日本の小中学生は，他国の子どもに比して理科に対する肯定的意識が低いと指摘されているが，日本の報告書においては男女別の結果が示されていない。そこで，少し古いが，研究者が二次分析した結果をみてみる。2003年の国際数学・理科調査（TIMSS）で実施された質問紙調査によれば，「理科の勉強は楽しい」と「強く思う」と答えた日本の中学2年生は19%で国際平均の44%と比べるとかなり低い結果であった。こうした傾向は女子により顕著にみられたという（小倉2001，吉田・杉2002，瀬沼2003）。

次に，国内の調査から実態をとらえてみよう。2006年の「学習基本調査」（ベネッセ教育研究開発センター 2007）では，各教科の好き嫌いについて5段階で尋ねている。理科が「とても好き」「まあ好き」と答えた男子の合計は小学生が73.9%で，中学生になると62.8%に低下する。女子は，小学生（62.7%）から中学生（43.1%）になると20ポイント近くも低下している。このように，小学生でも中学生でも理科が好きな女子は男子より少なく，その差は小学生より中学生で拡大する。また，中学入学後から中2にかけてますます理科が嫌いになっていくことを明らかにした研究もある（河野2004）。同じ学校の生徒を対象として2年度にわたって行われた調査[1]によると，理科の勉強が「好き」「どちらかといえば好き」と回答した男子は，中1（65.4%）から中2（60.5%）に

かけて低下する。女子も低下する（53.1％→43.7％）が，低下の幅は男子より大きい。中学入学時にすでに女子の方が理科好きでなくなっており，1年間の学習を経て，その差はさらに拡大しているのである。

　以上のように，小中学生の女子の理数系科目に対する関心は男子より低く，学年進行とともにさらに低下していくことが明らかになった。こうした関心における男女差は，SSH（スーパー・サイエンス・ハイスクール）の対象校でもみられ，たとえば物理の学習が「大好き」と回答する高3男子は20.3％いるのに対し，女子は5.2％，化学を「大好き」とする男子は20.1％なのに女子は10.2％であるという（科学技術振興機構 2013）。その一方で，SSH対象校の女子は，家庭科や美術，音楽，外国語や国語の学習を好きとする割合が男子より大幅に高いことから，彼女たちの幅広い関心や学習意欲がうかがわれる。こうした関心の差は，大学の理工系分野に女子が少ない一因と推測される。関心の差が生じる背景としては複数の要因が考えられるが，学校に内在する要因については「隠れたカリキュラム」に注目するとよいだろう。5章でみたように，学校では，教材や教師との相互作用などにおいて，女子の理数系に対する関心を高めるメッセージが相対的に不足している可能性がある。

　また，科学的関心が学校の理科の範囲に収まりきるものではないことも考慮される必要がある。一例として，日常生活のなかの科学的事象等への関心に注目してみると，実は，日常生活のなかの科学的事象に対する関心の程度に男女差はみられない。河野銀子（2004）によれば，「冷蔵庫やクーラーはなぜ冷えるのか」「CDの音がきこえるしくみ」などの自然や科学に関する16の事象から「詳しく知りたいこと」を選択させたところ，選択項目数の平均は，女子も男子も5.5であった。女子の学校の理科への興味・関心が男子より低くても，科学的事象全般に関心がないとは限らないのである。

(3) 体験

　理科離れの議論においては，都市化等にともなう生活環境の変化によって，子どもたちの自然体験等が減っていることが一因とされることがある。

子どもたちのさまざまな体験に関する調査によれば，「ノコギリやドライバーを使う経験や蛍光灯をかえる，ナイフでエンピツを削るなど，危険をともなうが工学につながる経験」がある女子は，男子に比べて少なく，理系志向に影響があるとされている「外遊び」（村松 1996）が好きだった女子も少ない（池上 2004）。また，日常生活のなかでのさまざまな科学的な体験の有無[2]をスコア化してみると，「動植物に関する体験」は女子が高かったものの，「自然体験」「生活体験」「日常体験」については男子の得点の方が高く，男子の方が豊富な体験をしている傾向があったという（河野 2004）。

さらに，経済産業省（2016）の調査によれば，小中学校の頃の印象的な活動として「機械いじり，プラモデル活動」をあげる理系男子は34％程度いるが，理系女子では9％程度で，文系男子（約23％）よりはるかに低い。高校で文系理系のどちらを選択するかにかかわらず，機械いじりやプラモデルは男子の遊びとして根づいていることがうかがえる。

以上より，女子は，理系的関心を育むことに関連する日常的な体験が乏しいことがわかる。こうした体験不足は，女子には危険な行為をさせたくないという周囲の大人の「配慮」によって生じると推測されるが，そうした配慮が繰り返されれば，科学への関心だけでなく，挑戦意欲も育成されない。理科の実験器具を使うことに恐れを感じて，実験で補助役しかできないという事態を生むかもしれないのだ。こうした経験が蓄積し，理科に対する消極的態度として習慣化・身体化してしまえば，理系進路を選択することは少なくなるだろう。

（4）期待

前項でみた体験不足に加え，女子は，将来的に科学技術職に就くことに対する期待を男子ほどには感じていないという実態がある。「母親は，将来，自分が科学や技術に関わる仕事についたら喜ぶ」と思っている女子は15.8％（「とてもあてはまる」と「だいたいあてはまる」の計）で，男子（28.9％）より少なく，父親からの同様の期待に対しても，女子20.7％，男子31.4％と，女子の方が低い（Kawano 2003）。また，高学歴母親を対象とした調査（林ほか 2015）では，

自分の子どもが理系の大学や学部に進学することについて，子どもの性別にかかわらず約6割が「良い」と評価するが，具体的な学部については子どもの性別による顕著な差がみられた。子どもが男子の場合は「工学部(53.0%)」「理学部(44.3%)」，女子の場合は「薬学部(39.3%)」「医学部(37.0%)」の順に多かった。このように，家庭において理系進路選択を期待されていると感じる女子は多くなく，期待されている場合にも具体的な専攻分野は子どもの性別によって異なる傾向がみられる。

さらに，学校でも理数系の学習で成果を上げることを期待されていないと感じているのは女子に多い。中澤智恵(2004)によれば，「先生は，私が理科で良い成績を取れると期待している」と思っている女子は中1でも中2でも7%程度である一方，中1で14.3%であった男子は，中2になると18.5%に上昇している。男子は，中1から中2にかけて周囲からの期待の高まりを感じていることがうかがわれる。

以上は生徒の主観的回答を含むので実態をそのまま反映しているわけではないが，回答の男女差は，理系科目に関する周囲からの期待が性別によって異なることを示唆している。家庭や学校で，理科の学習意欲を高めるような働きかけは，女子より男子に対して行われやすいと考えられる。

本節では，学力，関心，体験，期待の4要素を検討した。男子が優位だった体験や期待の各要素は子ども自身の日々の努力によって得られるものではなく，教師や親によってもたらされるものである。つまり，周囲の人の関わり方は，理科に対する男女の関わり方の差異を生じさせる一要因と推測される。子どもたちは，体験したことのない世界や期待されていない進路をあえて選ばないし，選ぶとしてもかなりの決意と勇気が必要となるだろう。女子が理工系進路を選択しない背景にはこうした事情があると考えられる。

3．高校における「文理選択」

前節においては，学校でも家庭でも女子が理系進路を選択する意欲を高める

環境が整っていないことが明らかになった。ここからは，進路選択がより現実味を増す高校段階に注目していく。

(1) 高校での進路指導と生徒のリアリティ

　進路指導のあり方は高校ランクや地域ごとに特色があり，コースの設定等も各学校の判断に任されているが，昨今では66％の高校で「文系」「理系」のコース分けが実施されている（国立教育政策研究所 2013b）。こうした傾向は，1980年代半ば以降に高校教育の多様化政策が進められてきたにもかかわらず，継続して行われている（荒牧 2004）[3]。さらに，こうしたコース分けは大学進学者の多い高校ほど実施される傾向がある（鈴木 2000，荒牧 2004，国立教育政策研究所 2013b）。このように，「文系」「理系」というコースを設定し，各コースに組み込まれた「科目セット」を生徒に履修させる方法は，高校で行われている典型的な履修指導とみなせる[4]。以下の分析では，「文系」「理系」と分けられたコースを選択する生徒の行動を「文理選択」と呼ぶことにする。

　国立教育政策研究所（2013b）の調査によれば，高3の生徒のうち，「理系」コース履修者は22％で，「文系」コースの半分程度である。男女別にみると，女子は「理系」履修者が16％，「文系」が54％と，コース間の差が大きい。男子の「理系」履修者は27％と女子より多く，「文系」は38％と女子より少ない。このように，女子は理系より文系を履修する傾向が強いが，文理選択をした当事者たちの意識はどのようなものであろうか。

　ベネッセ教育研究所（1996）によれば，自分を文系と自己評価する女子は7割弱おり（「絶対」「どちらかといえば」の計），男子（4割弱）より多かった。また，国立教育政策研究所（2013b）の調査では，自分を「文系」または「どちらかといえば文系」と意識している女子は中学3年生で44％，高校3年生で62％となっている。男子も20％から42％へと倍増しているが，それでも文系だと意識している女子との間に20ポイントの差がある。このように，女子は自身を文系とみなす傾向がある。ところが，こうした女子の自己認識と希望にはズレがみられる。先のベネッセの調査では，「文系・理系のどちらになりたいか」と

希望も尋ねているが，文系と答えた女子は49.2％と男子（36.2％）より多い。その一方で，理系と答えた女子も50.8％おり，文系希望者とほぼ拮抗していたという。このように，理系を希望する女子の比率は「理系」と自己評価している比率より高かったのに対し，男子は自己評価と希望の間のギャップがほとんどなかった。また，工学部で，文系を希望すると回答した男子が女子の4倍となった調査もある。具体的には，「今の性別と別の性別だったら人文科学を選ぶ」とする女子は5％だったのに対し，男子は23％と工学部男子の5人に1人であった（科学技術研究所 1996）。

　これらの結果は，女子のなかにも理系を希望する生徒がいたが，その希望と異なる選択をしたケースがあること，逆に理系進路を選択した男子が必ずしもそれを希望していたとは限らないことを表している。こうしたズレの詳細をとらえることで，女子が理系に少ない要因を探ることができると思われる。そこで，「文理選択」の実態をジェンダーの視点でとらえていこう。以下では，「文理選択」時に「文系」を選択したと回答した女子を「文系女子」，理系を選択した女子を「理系女子」，男子も同様に文系男子，理系男子として，具体的諸相をみていく。

(2) 文理選択時に重視したこと

　河野（2005）は，文理選択の際に重要だと思われる13項目について4段階で回答を得ている[5]。表9-2に，「かなり重視した」と回答した比率が高い項目を3位まで示した。文理選択においては，どの生徒も自分の希望と入試科目を重視しており，文系では男女とも苦手科目を避ける傾向がある。理系では性別による違いがみられ，女子の4割以上が重視する「大学入学後に学ぶ内容」は，男子では3位までには入らず，代わりに「得意科目を多く学べる」が3位に入っている。また，「自分の希望」という回答を詳しくみると，理系女子が7割強と目立って高く，これに文系男子が続き，文系女子と理系男子はいずれも6割弱であった。女子では理系，男子では文系の比率が，そうでない方より高くなっている。理系には男子，文系には女子が多い現状のなかで，あえて少数

表9-2 文理選択時に重視したこと

	1位	(%)	2位	(%)	3位	(%)
文系女子	自分の希望	59.4	希望進学先の入試科目	42.8	苦手科目を学ばなくてよい	25.6
理系女子	自分の希望	71.1	希望進学先の入試科目	53.3	大学入学後に学ぶ内容	44.4
文系男子	自分の希望	64.0	苦手科目を学ばなくてよい	38.2	希望進学先の入試科目	27.0
理系男子	自分の希望	58.1	希望進学先の入試科目	38.0	得意科目を多く学べる	31.0

出所）河野（2009）より筆者作成。

派を選択する者はその選択に対する強い希望や目的意識をもっていると考えられる。

　経産省産業技術環境局（2016）の調査結果も見ておこう。文理選択の際に重視した16の観点を挙げて3つを選択させたところ，「学びたい，関心のある分野の関連性」を選択した理系女子は4割を超え，もっとも多かった。これに理系男子と文系女子（いずれも3割強）が続き，文系男子は2割強と低かった。また，この調査においても文理選択に対する態度の男女差が顕著に現れている。「特に理由なく」と回答するのは男子に多く，とりわけ文系（約35％）にその傾向が強い（理系男子は約28％）。女子では理系でも文系でも2割程度であることから，文理選択の場面において，男子が「理由なき選択」を行う傾向があることがうかがわれる。

(3) 文理選択時の迷いの有無とその理由

　前項でみた男子の傾向は，文理選択における「迷い」が少ないことと関連していると考えられる。文理選択の際に，「全く迷わなかった」男子は51.9％と半数強であるのに対し，女子は36.4％であったが，〈迷った〉（「かなり迷った」

第3部　進路選択とジェンダー

と「少し迷った」の計：以下同様）とした文系女子は28.1％，理系女子は30.6％，文系男子は22.7％，理系男子は15.5％と，文理どちらも女子の方が高かった。とりわけ理系では男女間の差が大きく，迷った女子は男子の2倍いる（統計的有意差あり；$p<.01$）（河野 2005）。

　その理由について，自由記述を分析した結果をみてみよう。まず，「全く迷わなかった」理由として特徴的だったのは，理系男子の記述である。「なんとなく」「適当」「どっちでも良かった」「雰囲気」などの不明瞭な表現が多かったのである。「全く迷わなかった」という迷いへの強い否定の理由が，きわめて曖昧な言葉で表現されているのは，論理的には不可解だが，進路意識が明確になっていない男子の場合，「迷わず理系」と判断していると考えればつじつまが合う。また，「文系向きではないと親に言われた」「文系か理系かを決めていない場合は理系に行けと言われた」など，周囲の意見に従ったので迷わなかったとする記述もみられた。前述したように「全く迷わなかった」のは男子に多いが，明確な進路意識や強い希望に基づいて積極的に理系を選択した者ばかりではなく，「理由なき選択」をする傾向があるといえる。

　次に，〈迷った〉理由については，男女間に顕著な違いがみられた。文系女子のなかには，「理系に行きたかったが親に文系をすすめられた」という記述があり，理系女子では「理系には好きな科目が多いがついていけるかどうか不安だった」「理系が身近にいないため，踏み出すのに勇気が必要だった」などの記述があった。女子が理系を選択しようとするとき，周囲との軋轢や，自分が抱いている不安との葛藤を経験しなければならなかったことが表れている。一方，男子の場合は，文系を選択することに対して周囲の反対に遭ったために迷い，なかには自分の希望に反して理系に進んだとする記述もあった。

　このように性別に注目すると，女子には文系を，男子には理系を選択させようとする周囲の意見があり，それらと生徒の希望との間にギャップが生じていることがうかがえる。そこで，次項では周囲の意見について検討してみたい。

（4）周囲の意見

　文理選択の場面で，教師や親などの周囲の人の反応を重視するのは女子に多い[6]。とくに，理系女子にその傾向が強く，19％程度が両親の希望が進路選択に「影響があった」と答え，これに「少しだけあった」を加えると4割以上に上り，文系女子（約33％）より高い（経済産業省 2016）。そして，彼女たちは，自分の母親が「資格や免許のいる仕事（約19％）」「専門的な仕事（約13％）」を望んでいたと認識する割合が，理系男子や文系男女と比べて高い。このように，女子の理系進路選択には周囲の人の影響が大きいことがうかがわれる。

　そこで，「性別と進路を関連づけるような意見を周囲の人から言われたり聞いたりした経験」をみてみると，女子（64.6％）より男子（76.6％）の方が「ない」とする割合が高かった（河野 2005）。また，「自分が言われたことがある」女子は3.6％（男子2.1％），「聞いたことはある」女子は31.8％（男子21.3％）で（河野 2005），いずれも男子より高く，女子は周囲の人から性別と進路を関連づけた言説を聞く経験が多いことがわかる。

　自分が言われた経験のある者の自由記述には，文系女子では「近所のおじさんから，女は大学に行っても何にもならない」，理系女子では「父親から，女は文系でいいんだけどな」「数学好きだというと『女の子なのに珍しいね』『女で理系は変わってる』『理系に行く女子は苦労する』」などと言われたと述べられていた（河野 2005）。このように，周囲の人は女子に，大学進学や理系進路の選択に対してネガティブな見解を示している。女子は，こうした状況のなかで文理選択をしなければならないのだ。

　一方，男子については，文系男子には記述がなく，理系男子では「父に，『男は工学部だろ』（と言われた）」「音大に行くか迷ったが，将来を考えてやめさせられた」「専門学校希望であったが，大学の方がいろんな方向へいける，と担任に」などの回答があった。「男は工学部」に代表されるような性別と進路を直接的に結びつける意見があるだけではなく，「専門学校」や「音大」などの進路を希望する場合に大学進学や理系学部を勧める発言がされていた。周囲の人々は，男子の理系進路選択を強化したり理系進路へ軌道修正させたりしてい

るのである。

　以上みてきたように，高校での文理選択の実態には性別による差異がみられた。女子は，迷う層が多いことに加え，周囲が文系に水路づける傾向があった。一方，男子は，文理選択において「理由なき選択」をする傾向があり，理系選択に積極的な意識がないのに理系を選択した者が含まれていた。また，迷っている男子を理系へ方向づける働きかけがあることや，自分の意志に背いて理系を選択する男子の存在も明らかになった。「文理選択」の場面で性別によって異なる力がはたらき，ジェンダーによる水路づけとなっている。

おわりに

　本章では，大学入学以前の実態に注目し，小中学生の女子の学力や日常生活における科学的関心の程度は男子と変わらないが，学校や家庭でのさまざまな経験が，女子の学校の理科への関心を低下させていること，また，高校での文理選択が性別による水路づけとしても機能していることをみてきた。これらの実態が，女子が理系に少ない背景として考えられるが，とりわけ「文理選択」という仕組みに注目する必要があることを指摘しておこう。

　文系女子のなかにも物理や化学が好きな「潜在的理系志向層」がいるが，女子は幅広い領域を学びたい志向性が高い（河野 2009）。そのため，文理選択の際に悩むことも多く，また履修できない科目が生じる可能性の高い理系コースを避けやすくなり，結果的に理科への関心や理系進路への意欲を伸ばす機会が縮小していると考えられる。また，一般に困難といわれている文系から理系への転向は，男子より女子に多く，いったんは文系を選択した女子が，理系を選択し直す実態がある[7]。文理選択において，理系志向の女子までもが文系に水路づけられていることが，理工系専攻に女子が少ない一因と考えられる。

　また，欧米の研究では，早期の選択が女性の理系進路選択を阻害すると指摘されている（デュリュ＝ベラ訳書 1993，OECD 2014）。幅広い経験や社会的視点を形成しないうちの進路展望は，従来のステレオタイプの影響を多大に受けるからである。進路選択の時期やコースの設定などの見直しが求められていると

9章　文理選択

いえよう。　　　　　　　　　　　　　　　　　　　　　　　［河野銀子］

> **考えてみよう**
> ① 日本では大学に進学する場合，同時に学部を選択しなければならないが，大学入学後に専攻分野を決める国もある。どちらが良いか，ジェンダーの視点で考えてみよう。
> ② なぜ，進路と性別を関わらせる考えがあるのか，議論してみよう。

【注】
1）調査協力校は全国の公立中学校9校（2年目は8校）詳細は，村松（2001）。
2）各体験には5項目が含まれる。たとえば，自然体験には，「川で泳ぐ」「日の出を見る」など，生活体験には「タマゴを割る」「マッチで火をつける」など，「蛍光灯や電球を取りかえる」「ビデオの録画をする」など。詳しくは，河野（2004）参照。
3）各高校の教育課程は，学習指導要領の改訂よりも，大学入試科目を想定して編成するためである。したがって，大学進学希望者が多い高校ほど変化がないと考えられる。
4）そもそもコース選択という履修制度は，定められた制度ではなく，個々の学校が独自に設定してきた制度である。1984年の臨教審以降，第15期中教審まで引き継がれてきた高校教育改革は，高校教育の多様化・教育課程の基準の弾力化をめざしてきた。ところが，高校は，生徒による安易な科目選択への懸念や，各校での時間割編成の困難さや教科間の利害調整などのため（田中 1999），独自の「科目セット」を設定することでこれらの改革に対応した。この典型が「文系」「理系」というコースで，いずれかを選択すると，理科や数学，地歴などで選択すべき科目がほぼ自動的に決まり，途中でのコース変更がほぼ不可能となっている（荒井 2000）。
5）A大学の学生を対象とする質問紙調査。有効回答数は女子557人，男子1,771人。
6）河野（2005）によれば，担任の勧めを重視（「かなり重視」「まあ重視」の合計）する女子は33.8%で男子（24.7%）より多く，親の勧めを重視する女子は29.2%で男子（19.7%）より多い。
7）高校時代に文系から理系に転向した比率（女子12.5%＞男子6.8%）も，高校で文系だったが大学で理系学部に進学した比率（女子15.1%＞男子3.4%）も女子に多い（ベ

第 3 部　進路選択とジェンダー

ネッセコーポレーション 2005）。河野（2005）においては，高校で文系だったが大学で理系学部に進学した女子は 7 ％で男子（3.4%）の約 2 倍である。

【引用・参考文献】
荒井克弘編（2000）『学生は高校で何を学んでくるか』大学入試センター研究開発部
荒牧草平（2004）「履修単位の設定状況 1 」山村滋（代表）『高等学校における新しい教育課程の編成』大学入試センター研究開発部，pp. 147-174
池上徹（2004）「自然体験・生活体験は理科離れと関係があるか」村松泰子編著『理科離れしているのは誰か：全国中学生調査のジェンダー分析』日本評論社，pp. 52-69
ウィリアムス，ウェンディ／セシ，スティーブン（2013）大隅典子訳『なぜ理系に進む女性は少ないのか？―トップ研究者による15の論争』西村書店
小倉康（2001）『理科学習の重要性に関する中学生の意識の実態　調査報告書』国立教育政策研究所
科学技術研究所（1996）『女子の理工系専攻への進学における要因に関する調査研究』
科学技術振興機構理数学習支援センター研究開発担当（2013）『理系文系進路選択にかかわる意識調査（SSH指定校編）報告書』
Kawano, Ginko（2003）'Choice and Confusion' of Japanese Female Students: Focus on Choosing The Humanities or Sciences at High School, *Journal of the Society of Japanese Women Scientists*, Vol. 7, No. 1, pp. 36-42.
河野銀子（2004）「理科離れの実態」村松泰子編著『理科離れしているのは誰か:全国中学生調査のジェンダー分析』日本評論社，pp. 22-29
河野銀子（2005）「高校における〈文理〉選択とジェンダー：大学生調査の分析から」平成16年度科研費（若手研究A）報告書
河野銀子（2009）「理系進路選択と高校での教科の好き嫌い：日本の大学生調査をふまえて」㈶アジア女性交流・研究フォーラム『アジア女性研究』18, pp. 16-27
経済産業省産業技術環境局大学連携推進室（2016）『理工系人材育成に係る現状分析データ　補足資料集Ⅱ』
国立教育政策研究所（2010）『生きるための知識と技能 4 　OECD生徒の学習到達度調査（PISA）2009年調査国際結果報告書』ぎょうせい
――（2013a）『生きるための知識と技能 5 　OECD生徒の学習到達度調査（PISA）2012年調査国際結果報告書』明石書店
――（2013b）「中学校・高等学校における理系進路選択に関する研究」（平成24年度プロジェクト研究調査研究報告書）
鈴木規夫（2000）「高校教育の多様化と入試改革」荒井克弘編『学生は高校で何を学んでくるか』大学入試センター研究開発部，pp. 103-141

9章　文理選択

鈴木大祐（2016）『崩壊するアメリカの公教育—日本への警告』岩波書店
瀬沼花子（2003）「理数科教育とジェンダー」『ジェンダーの視座に基づいた情報教育カリキュラム開発』（Women's Studies 研究報告 23），東京女子大学女性学研究所，pp. 130-141
デュリュ＝ベラ，M.（1993）中野知律訳『娘の学校—性差の社会的再生産』藤原書店
中澤智恵（2004）「学校は理科嫌いをつくっているか」村松泰子編著『理科離れしているのは誰か：全国中学生調査のジェンダー分析』日本評論社，pp. 37-51.
林裕子・河野銀子他（2015）『女性の理系進路選択における親の意識の影響に関する調査・分析』（JSPS科研費報告書）
ベネッセ教育研究開発センター（2007）「第4回　学習基本調査・国内調査報告書（中学生版）」
ベネッセ教育研究所（1996）『モノグラフ高校生 '96』vol. 46
ベネッセコーポレーション（2005）「進路選択に関する振返り調査—大学生を対象として」（平成17年度 経済産業省委託調査報告書）
宮崎あゆみ（2013）「ジェンダー／セクシュアリティと教育—アイデンティティのゆらぎ」石戸教嗣編『新版　教育社会学を学ぶ人のために』世界思想社，pp. 185-202
村松泰子編著（1996）『女性の理系能力を生かす：専攻分野のジェンダー分析と提言』日本評論社
村松泰子代表（2001）「学校教育におけるジェンダー・バイアスに関する研究」（平成12年度科学研究費報告書）
文部科学省（2016）「学校基本調査」
リューブザーメン＝ヴァイクマン，ヘルガ他（2003=2004）小川眞里子他訳『科学技術とジェンダー』明石書店
吉田淳・杉愛弓（2002）「理科教育におけるジェンダーの課題：教員養成大学学生の進路選択意識調査」『愛知教育大学教育実践総合センター紀要』5，pp. 179-187

10章　大学入試

キーワード

学部選択　　受験教科　　受験行動　　高大接続　　ポジティブ・アクション

はじめに

　日本の大学や研究機関が抱える課題のひとつとして、女性研究者比率（2016年3月現在15.3％：総務省「科学技術研究調査」[1]）の向上がある。OECD加盟国34か国中最下位であること等を踏まえ、第3次男女共同参画基本計画（2010年12月閣議決定）および第4期科学技術基本計画（2011年8月閣議決定）は、とくに自然科学系の女性研究者採用目標値について早期に25％を達成し、さらに30％をめざすとしている。同じく第3次男女共同参画基本計画は、このような専門性が高い職業を含め社会のあらゆる分野において、指導的地位に女性が占める割合を2020年までに少なくとも30％程度とするという目標を決定しており、政策的取組みが始まっている。

　研究者のジェンダー構成は、大学入学時からすでに始まるとも考えられるが、今日の男女の受験行動は変化してきているのだろうか。もしジェンダーバランスが改善されないとしたら、何が障害となっているのだろうか。ここでは、地方の総合大学であるZ大学における具体的な事例に基づいて、男女の受験行動の様相を、学部や試験科目との関係で明らかにする[2]。

　次に、理系進学をめぐる高大接続の観点から高等学校理数科の状況を2校から、大学で開催されている理系女子支援のセミナーの様相をZ大学[3]から探り、現状と課題を明らかにする。

10章　大学入試

　最後に，ジェンダーと科学をめぐる国内外の動向に注目し，今後の方向を探る。

1．学部選択と男女の受験行動

　大学の学部構成や定員は，希望する志願者の多寡ではなく，その国その時代で必要とされる人材観を反映しており，国立大学はその人材育成政策が顕著にあらわれるところである。そこで，まず理工学系分野の入学者についてOECD加盟国の状況を概観し，次に日本の国立大学理工系学部に注目して，その定員や受験者・入学者の状況を男女別にみてみる。
　大学入試に着目することにより，大学への門戸の広さがジェンダーによってどのように異なるかを測ることができる。

(1) OECD加盟国における大学の理工学系分野への入学者割合
　図10-1に示されている大学の理工学系分野への入学者割合をみると，OECD加盟国の平均は約27％で日本は約21％である。一方，女性の入学者割合を図10-2でみるとOECD加盟国平均が約30％であるのに対して，日本は約16％と最も低く，OECD加盟国平均の半分の値であり最も男女差が大きいことがわかる。
　日本の理工学系分野の女性の割合がOECD加盟国の最下位であることはどのように考えればいいのだろうか。国立大学に焦点を当てて入学状況をみてみよう。

(2) 国立大学にみる工学系学部定員
　日本の国立大学に注目すると，工学系学部をもつ総合大学は38都道府県に配置されており，工学系の単科大学等を含めると45都道府県にわたる。図10-3は，各都道府県の国立大学の全学部入学定員に占める工学系学部の定員の割合を示しているが，平均約3割でなかには6割という県もあり，国立大学における工学系学部の比重の大きさがわかる。

第3部　進路選択とジェンダー

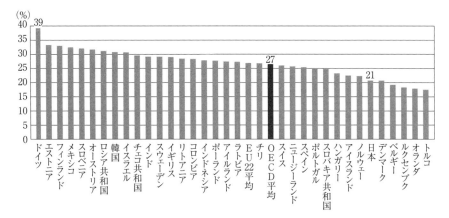

（注）本指標における理工系とは，工学，製造，建築，自然科学，数学，統計学，情報通信技術（ICT）を指す。

図10-1　OECD加盟国における理工系（STEM）分野別にみた高等教育新入学者の分布割合（%）（2015年）

出所）OECD/UIS/Eurostat（2017），表C3.1a。
（www.oecd.org/education/education-at-a-glance.19991487.htm）。

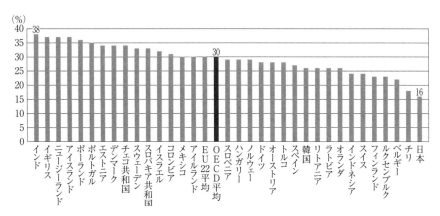

図10-2　OECD加盟国における理工系（STEM）分野に占める高等教育女性新入学者の割合（%）（2015年）

出所）図10-1に同じ。

10章　大学入試

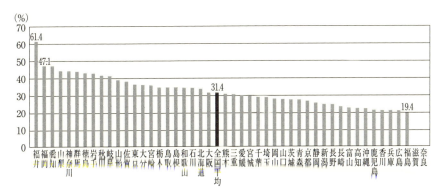

図10-3　各都道府県の国立大学入学定員に占める工学系学部定員の割合（2017年度入学）

（注）　各都道府県の全国立大学の中で「工学」という文字を含む学部（工学部，理工学部，総合理工学部，環境理工学部，情報工学部，芸術工学部，基礎工学部，システム工学部，工学課程，生命理工学部，海洋工学部，理工学域）の入学定員を合算し，全学部入学定員の合計に対する割合を求めた。
出所）各大学入学情報「平成29年度入学試験実施状況」他Webページより筆者作成。

　本章でとりあげるＺ大学の各学部の入学定員数の動向をみると，工学部は1998年以降，その定員減少がみられるものの，2017年度の定員は650人で，次に多い文系学部の２倍以上である。総合大学とはいってもＺ大学では工学部の割合が最も大きく，在籍する学部生の約４割，大学院生の約７割，教員の約２割は工学部所属である。工学系人材を多数養成するための人的構成となっている。

(3) Ｚ大学への女性の工学部受験者数

　では，工学部を受験する女性は増えているのだろうか。図10-4に1993年度から2017年度の受験者数の推移を示した。工学部の男性受験者が最多だった3,105人（1997年）と最少となった1,343人（2017年）では1,762人の減少が起きている。一方，女性の方は最少が167人（2009年），最多が349人（2015年）と，わずかに増加傾向がみられるものの，男性に比べると大きな変化はない。女性は，25年前から今日まで一定数の受験者がおり，工学に関心をもつ女性が少ないながらも常時いることがわかる。

第3部　進路選択とジェンダー

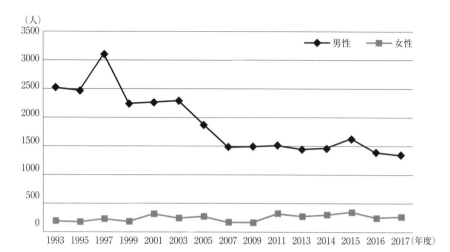

図10-4　Z大学の男女別工学部受験者数の推移

出所）Z大学『入学試験に関する調査』および『入学試験実施状況』より筆者作成。

（4）各学部への男女別受験者数

　実際に受験生は，どのような学部へ集中しているのだろうか。図10-5は，2017年度入学試験における各学部への男女別受験者数であるが，まず，女性の

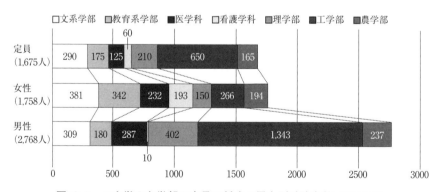

図10-5　Z大学の各学部の定員に対する男女別受験者数（2017年度）

出所）Z大学『入学試験実施状況』より筆者作成。

受験者が男性の6割と，少ないことがわかる。

各学部への受験者の分散状況をみると，女性の場合は，各分野にほぼ均等に分散しており，決して文系に集中しているわけではなく，むしろ理系受験者の方が多い。理系のなかでも医療系に集中しているわけではなく，工学部をめざす女性も多いことがわかる。それに対して男性の場合には極端な偏りがあり，工学部への集中がみられる。

女性の受験者数が最も少ない学科があるのも工学部で，その分男性に門戸が大きく開かれており，ジェンダー間の格差が生じる結果となっている。実際に工学部の女性の割合は全学部のなかで最も低く，工学部生の15.8％，工学系大学院生の12.3％，工学部教員の6.2％という状況である（2017年度）。

入学定員の多い工学部を避ける傾向が女子高校生にあるとすると，国立大学への入学を困難にする結果となってしまう。医療系等の公立大学への進学も考えられるが，残念ながら学生定員は小規模である。とくに経済的理由により，

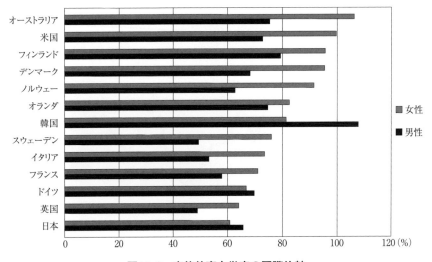

図10-6　高等教育在学率の国際比較

出所）内閣府男女共同参画局（2017）『男女共同参画白書　平成29年版』1-5-3図

第3部　進路選択とジェンダー

大学進学をあきらめる可能性も高まる。たとえばZ大学のあるZ県では，2015年度の都道府県別賃金水準（男女計）は241.4千円で，全国の304.0千円の79.4％という状況であり（厚生労働省賃金構造基本統計調査），県外への進学や私立大学進学が困難な生徒が出ることも考えられる。日本の女性の高等教育在学率が，多くの国々とは異なって男性より低いこと（図10-6）の一因として，女性が収容力の大きい工学部を敬遠することも考えられるのである。

2．受験教科や実施方法による受験行動とジェンダー

本節では，Z大学における男女の受験行動を入学試験とのかかわりで検討していく。

各学部等への女性の入学者割合をみてみると（図10-7），医学系X学科（以下，X学科と呼ぶ）が過去20年間最も大きな変動を見せていることがわかった。そ

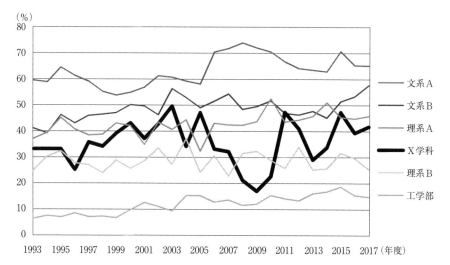

図10-7　各学部入学者に占める女性割合（Z大学）

出所）Z大学「入学試験に関する調査」および「入学試験実施状況」より筆者作成。

146

こでX学科に注目して受験行動をみてみたい。

(1) 医学系X学科の入試

　X学科は高学力層からの受験者が多い学科であるが，受験者数の変動についてみてみると（図10-8），男女で異なっている。とくに女性の受験者数の2005年度以降の落ち込みと，2009年度以降の増加が目立つ。受験者数の変動は，さきにみた入学者に占める女性割合の変動の大きさと関連すると考えられるので，詳しくみていくこととする。

　まず，X学科の入試実施状況を確認しておく。1993年度から前期・後期日程という分離方式の入学試験を実施しており，定員の7割が前期試験によって選抜される。3割は後期試験および推薦入試によって選抜されるが，いずれも個別学力試験は課されない。表10-1に示した通り，前期試験の個別試験の内容はこの20年間に数度の変更が行われている。面接以外は課される科目等が異なっており，面接の他に小論文のみだった年度もあれば，理数系科目や国語や

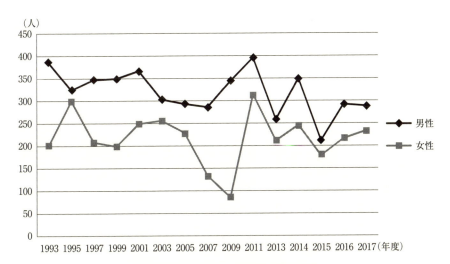

図10-8　男女別X学科受験者数の推移

出所）Z大学「入学試験に関する調査」および「入学試験実施状況」より筆者作成。

第3部　進路選択とジェンダー

表10-1　X学科入学（前期）試験の個別学力検査教科

年度	1993	1994〜1998	1999〜2005	2006〜2010	2011〜2013	2014〜2017
国　　語					○	○
数　　学	○	○		○	○	○
理科2科目	○	○		○	○	○
英　　語	○				○	○
小 論 文	○	○	○			
面　　接	○	○	○	○	○	○
女性入学割合		〈増加期〉	〈激減期〉	〈回復期〉		

英語が課された年度もある。こうした変更が女性の受験行動に影響しているかどうか，検討してみよう。

(2) X学科の受験者と合格者

図10-9に，前期試験の受験者に占める女性の割合と合格者に占める女性の

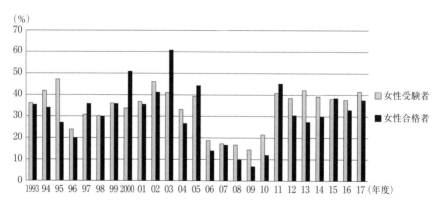

図10-9　X学科入学試験（前期）受験者・合格者に占める女性割合（Z大学）

出所）Z大学「入学試験に関する調査」および「入学試験実施状況」より筆者作成。

割合の変化を示した。1993年度は，受験者に占める女性割合と合格者に占める割合がほぼ等しいが，他の年度ではこれらの割合に差異がみられる。

受験者に占める女性割合より合格者に占める女性割合が高い場合，女性のほうが合格しやすかったと考えられるが，2000年度と2003年度にこの傾向が顕著である。これらの年度の前期試験の内容をみると，面接と小論文であった。高校ランクの高い学校であれば，理系コースからでなくとも受験できた可能性が考えられる。

一方，受験者に占める女性割合より合格者に占める女性割合が低い場合，女性が合格しにくかったことが考えられる。1995年度や，2006年度から2010年度の間，および2012，2013年度などで，この傾向がみられる。これらの年度の個別試験に共通しているのは，数学と理科2科目が課されたことである。これらの教科・科目が課されることで，女性が合格しにくかったことが考えられる。とくに，数学と理科2科目の比重が大きかった2006年度から2010年度においては，受験者に占める女性割合そのものがかなり低くなっていたことから，これらの教科・科目が女性の受験行動自体を抑制したことが考えられる。

(3) 受験行動とジェンダー

以上，総合大学の具体的な事例から男女の理系進路選択の状況を把握した。医学系を含む理系学部全体を見ると女性の受験者数は決して少ないわけではなく，むしろ文系学部より多いことがわかったが，最大の入学定員をもつ工学系学部においては大きなジェンダー格差があることが改めて明らかになった。また，入学者に占める女性割合の変動が最も大きかった学科に注目したところ，受験教科・科目の変更が関与しており，数学Ⅲ・数学Cを加えた数学が新たに課せられたことが女性の受験行動を抑制した可能性があることがわかった。

以上は大雑把な検討であり，実際の受験行動は，他大学の出願動向の分析等もふまえた緻密な戦略によって決まることが多い。しかし，入試方法の変更が，女性の受験者や合格者の割合に影響を与えている可能性があることは指摘でき

るだろう。

　これまでにも，女性は附属校からのエスカレーター式の進学や推薦入試による大学進学が多く，大学入試制度が男女で異なる競争を生みだしていることや（吉原惠子 1998），推薦入試による大学進学者の割合は男性より女性に多いことが指摘されてきた。本節における具体的な検討も，これらを傍証する結果と思われる。すなわち，入試方法が男女受験生の受験行動に影響を及ぼす可能性を指摘できる。このことは，入試方法によって女性の受験行動が抑制されることもあるが，方法や支援を工夫することで，理系学部への女性の進学が促進される可能性があることも意味している。

3．女性の理工学系選択に向けた高大接続と課題

（1）高等学校理数科の課題

　大学の理系学部への進学が期待される高等学校理数科の状況をみてみたい。理数科は，自然科学に興味・関心のある高校生に対し，早くから理数の専門教育を行う学科として設置され，卒業後は大学，大学院へと進学し，将来の理・工学，農学，医・薬学等の分野での研究者，技術者となる人材育成が期待されている。すべての都道府県に理数科設置高等学校は最低1校あり，全国では197校（2017年度）に上る。中学校段階で普通科か理数科かを選択することになるため，中学校での進学指導も重要となってくる。

　さて，Z大学理系学部への進学が期待される2校の理数科をみてみる。

①県立A高等学校理数科（定員40名）—女子の在籍ゼロ

　Z大学に最も近いA高等学校（以下A校）は男女共学の進学校ではあるが，女子の在籍は40年以上なく，実質的には男子校といえる。1968（昭和43）年に理数科が設置されたものの女子の在籍はゼロのままであり，同市内には他に理数科をもつ高校がないため，女子の理数科進学は困難な状況となっている。県教育委員会をはじめ，高等学校・中学校関係者の進学改善努力が望まれるとこ

②県立Ｂ高等学校理数科—女子の在籍約30％

　では，男女がほぼ半数ずつ在籍する共学校では理数科の男女比はどうだろうか。Ｚ県の隣県にあるＢ高等学校（以下Ｂ校）もかつて男子のみの旧制中学校であったが，戦後共学となり，近年ようやく男女がほぼ半数ずつ在籍するようになった。1995（平成７）年に理数科が設置されている。2000年（理数科１年生在籍36名）から2017年（理数科１年生在籍80名）までの理数科１年生女子の在籍比率は29.6％で，各年度の在籍比率は図10-10の通りである。前述のＡ校も実質的に共学校化することにより，女子が在籍することが期待される。

　ただ，図10-10を見る限りでは，Ｂ校においても女子比率が増加傾向にあるとはいえない。理数科を学ぶ学習環境の要素として，最も単位数の多い数学・理科担当教員の性別の偏りが指摘されることがある。Ｂ校では，理数科設置から17年間理数科目担当女性教員はゼロだった。Ｂ校全体の女性教員比率は今日23.0％（2017年）で，戦後の4.8％（1954年）から国語，英語科目を中心に徐々に増加してきたが，理数科目では依然として遅れている。ここから，女子生徒にとってのロールモデルの不在が理数科選択に影響を及ぼしていることが推測される。

　Ｂ校では，ようやく2016年から数学担当女性教員が２名となり，理数科目担当女性教員比率は9.5％となったところである。高等学校の理数科目担当女性教員比率の伸びが，高校理数科女子生徒比率にどう影響するか，見守る必要がある。

(2) 大学におけるポジティブ・アクション・理系女子支援

　高等学校の教員構成や理数科生徒の男女比率には課題があることがわかった。

　河野銀子は，大学での学問・研究や社会で要求される「知」は，〈文理〉に分けられるものではないことから高等学校での文理分けを疑問視すると同時に（河野 2006, p. 62），「家庭科にも科学的要素はあるが，理科として認識されていないなど，理科教育自体にジェンダーバイアスがあり，女性の生活に身近では

第3部　進路選択とジェンダー

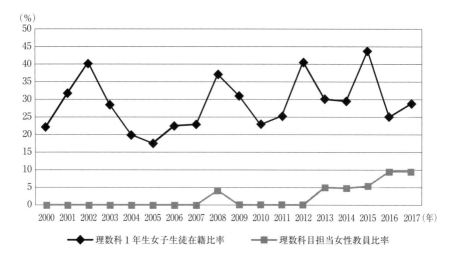

図10-10　県立B高等学校理数科1年生女子生徒在籍比率と理数科目担当女性教員比率
出所）県立B高等学校学校要覧（2000〜2017年）より筆者作成。

ない」と指摘し，「女性が身近に感じられる学習内容を取り入れたり，理系分野の女性のロールモデルを示したりする必要がある」と指摘している（河野2007, p.50）。

　大学や企業等では女子中学生・高校生対象に理系への興味・関心を高める取り組みが始まっている。これは，女性研究者比率の向上をめざすポジティブ・アクションの一環ともいえる。Z大学でも，女子高校生・大学生を対象とするセミナーが2009年から本格的に実施されてきた。

　このなかから2つの事例を取り上げて，理工系への進学や研究職に関する情報伝達の内容とそれらに対する女子高校生等の声をとらえる。

1）理工学系学部進学へのイメージつくり

　工学部は，2012年に共学の進学校である県立C高等学校と連携して，女子生徒114名（1年生女子全員と2年生理系クラス女子全員）を対象に講演会を開催した。女性研究者による人形ロボット開発についての講演会である。
　講師は，「機械は硬い印象を与えるが，やわらかいロボットや手触りなどの

繊細な研究分野もあり女性が活躍している。会話支援ロボットは，認知症予防に役立っている。」などと紹介した。

参加者の感想（80人回収）から，主に関心をもった内容を5点挙げることができた。具体的な声を以下に示す。

①女性の研究や研究者への関心（21人，26.3％）
「女性の研究者でも男性と何も変わらずに自由に研究できることがわかった。」
②認知症予防など人との関わりやケアへの関心（16人，20.0％）
「認知症予防の新しい手段には驚きました。これからも人の生活に寄り添えるような研究をしてほしい。」
③工学へのイメージの変化（14人，17.5％）
「科学技術はただ生活が便利になるだけで，そういう所よりも他の所にお金をかけた方がいいのではないかと考えていたけど，人の心を穏やかにしてくれる技術もあるんだなと思った。」
④講師の考え方や態度への関心（13人，16.3％）
「工学部出身ということでしたが認知症についても取り組まれていて本当に幅広くクリエイティブに活動されていて，私も型にはまらないような考え方をしていきたいと思った。」
⑤その他（16人，20.0％）

参加した高校生の声から，女性研究者や工学に対する新たなイメージを得ていること，工学と人との関わりやケアへの関心が高いことがうかがえる。女子高校生が工学に関心を向ける契機として，このように工学と人との関係，日常生活や福祉等への応用に気づく機会を設定することが考えられる。ただし，ケアへの関心が女性役割として内面化されることのないよう，留意する必要がある。

第3部　進路選択とジェンダー

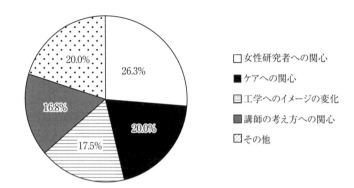

図10-11　セミナー後の感想に記述された女子高校生（80人）の関心事項

出所）Z大学男女共同参画推進室（2013）『平成24年度報告書』p.26より筆者作成。

2）理工学系学部卒業後のイメージつくり

　理工学系学部の女性卒業生6人と学部生・大学院生20人との交流会が2011年に開催された。同じ学科の先輩・後輩が集まり，研究所や企業・官公庁で研究職や専門職に就いている先輩から次のような体験談やアドバイスが伝えられた。
① 「産休・育休・時間短縮も制度が整い利用しやすい環境になってきたが，所属によっては取りにくい雰囲気のところもあるようだ。」
② 「採用，業務，昇進等に性別による差はなく，採用試験では女性の方が優秀で根性があると言われている。育休復帰後は乗船業務が難しいため陸上業務に従事できる。」
③ 「学生時代は『まずは就職が先決』という風潮があるが転職も多くなってしまうので要注意。女性が転職する場合，出産と重なると採用が難しくなり，休暇も保障されないので気をつけてほしい。」
④ 「技術職，研究職と専門性が高くなるほど代替要員確保が難しく女性の退職率も高くなるが，女性が早くから採用されている職場ほど働きやすい。」

　学生にとって将来，課題となり得る結婚，出産，育児と仕事との関係につい

て，その組織のなかにいる者でなければわからない具体的な情報が伝えられている。理系の企業や研究所で圧倒的多数を占める男性同士が組織内外で交換する情報量に比較して，少数者である女性が交換・発信する情報量は少なく，したがって仕事と生活の両立に関する情報が女子高校生・大学生にまで届く量はさらに少なくなってくる。このことが，理工学系学部卒業後の仕事についてイメージをもつことを困難にし，不安を与え敬遠を招くことに繋がっていると考えられる。交流会に参加した学生からは，「展望が開けた」「励みになった」という感想が述べられている。

　以上，女子高校生の声から，理工学系学部や研究の魅力を伝える方法として，女性のロールモデルの提示，理工学系研究と人の生活との関連やケアや福祉への応用などへの気づき，研究を通した自分自身の成長との関連性を提示していくこと等が鍵となることを知ることができた。
　女子高校生等を対象としたこのような取り組みは理系進学に効果があるのだろうか。Ｚ大学理工学系学部受験者に占める女性の数を，セミナー実施前3年間（2007～2009年）と実施後3年間（2010～2012年）とで比較すると，女性受験者数は3学部合わせて1,615人から1,995人と380人増加しており，とくに工学部が増加率68.7％を示した。Ｚ大学がセミナー等を開催してきた成果であるとのみ言い切ることはできないが，望ましい変化ではある。
　大学等が開催するこれらのセミナーは，進路選択にジェンダー格差が生じる高等学校までの教育や社会の現状を修正しようとするポジティブ・アクションである。その成果はまだ顕著にあらわれているとはいえないが，今後の継続が期待される。

おわりに――これからの科学のあり方：ジェンダード・イノベーション（Gendered Innovations）に向けて

　冒頭でみたように，日本の女性研究者の割合は低く，とりわけ理工系分野での低さが顕著であるが，程度の差こそあれ，欧米にもみられる傾向であり，日

第3部　進路選択とジェンダー

本に固有の問題というわけではない。しかし，1980年前後から政策的取組みがなされてきた欧米から学べることは多い。それらは，「男子と同じように理系進路を選択するように女子を教育する」という視点から，「女子が冷遇されないように教育環境を変革する」という視点へ，そして「科学技術のあり方にジェンダーの視点を」とシフトしてきた（横山・河野ほか 2017）。

すなわち，理工系分野に女性が少ない原因を「女子」にあるとみる視点から，「組織文化」や「学問基盤」にあるとする視点へと転換し，実際の公的プログラムの開発が行われている。とくに，欧州連合のHorizon 2020や米国NSFのADVANCEといった助成プログラムが，科学をめぐる知のあり方やその生産過程（研究視点や研究開発の対象・方法の同定や評価方法等）にまで踏み込んだことは注目に値する。それらは，"Gendered Innovations"（Shiebinger 2008）や"Gender Based Innovations"（European Commission 2013）といわれ，科学技術分野にイノベーションをもたらす新たな視点として期待されている。

こうした転換は，欧米における「科学とジェンダー」研究の豊富な蓄積だけでなく，女子のみを対象とするプログラムがそれほど成功しなかった（理系職についても早期離職する女性が多い等）という実態がふまえられている。こうした欧米の動向は，第4章や第5章でみたように，教室や教材に暗黙裡に潜んでいるジェンダー・バイアスやステレオタイプを見直し，女子の理系進路選択を支援するだけでは十分ではないことを示唆しているのではないだろうか。

科学のあり方を変えていこうとする大きな国際動向を踏まえ，日本の中等教育と大学および大学入試がジェンダー平等推進に一層貢献できるものとなるよう広く議論を続けていきたい。　　　　　　　　　　　　　　　　　　［木村松子］

考えてみよう

① あなたが進学する学部を決定した理由は何か。それは，あなたのジェンダーも関係していたかを考えてみよう。

② 大学が女子高校生を対象としたセミナーを開催するのは，逆差別になるだろうか。あなたの考えを述べてみよう。

【注】

1) 同調査の「研究者」には，企業，非営利団体・公的機関，大学等の研究者および博士課程の大学院生が含まれている。
2) 医学部をもつ地方の総合大学で立地や設置の条件がZ大学と類似する大学は30都道府県にある。
3) Z大学では，平成21〜25年度の5年間に開催した女子高校生・大学生対象のセミナーは26回で，参加者数は一部男性も含め約1,700人に及ぶ。内容は主に女性研究者による講演や実験体験，女性卒業生等との交流などである。

【引用・参考文献】

河野銀子（2006）「高校における女子の〈文理〉選択と大学進学動向―大学生調査の再分析を中心に」(平成17年度文部科学省科学研究費若手研究(A)課題番号16681021)

河野銀子（2007）「女子高校生の進路選択と困惑―『科学』へのアクセスをめぐって―」(平成18年度文部科学省科学研究費若手研究(A)課題番号16681021)

文部科学省（2011）中央教育審議会（第78回）配付資料・参考資料1「『図表でみる教育 OECDインディケータ（2011年版）』（Education at a Glance）からの抜粋（参考）」(http://www.mext.go.jp/b_menu/shingi/chukyo/chukyo0/gijiroku/_icsFiles/afieldfile/2011/10/07/1311502_8_1.pdf 2018.3.1最終閲覧)

横山美和・河野銀子ほか（2017）「女性研究者増加政策における「パイプライン理論」―2006〜2015年のシステマティックレビューの検討から」『ポリモルフィア』（九州大学男女共同参画推進室）第2号，pp. 94-107.

吉原惠子（1998）「異なる競争を生み出す入試システム―高校から大学への接続に見るジェンダー分化」『教育社会学研究』62集，pp. 43-67.

European Commission, 2013, "Gendered innovations: How gender analysis contributes to research."

Schebinger, Londa ed., 2008, *Gendered innovations in science and engineering*, Stanford University Press.

教材のポリティクス

　「22歳が女性の妊娠しやすい年齢のピークである」とする「科学的知識」を知ったとき，人々の気持ちや行動はどうなるだろうか。大学生なら就職せずに早く結婚・出産した方が良いと思うかもしれない。この年齢より若い女性と結婚することを望む男性が増えるかもしれない。不妊の理由を若い頃に妊娠を考えなかった自分のせいだと自分を責める女性たちもいるかもしれない。妊娠や出産は個人やカップルの人生と大きくかかわるので，進路選択の際に男女ともに避けては通れない。したがって，「22歳」という年齢を示されれば，気にならない人はほとんどいないだろう。

　ところが，22歳をピークとする「妊娠しやすさグラフ」は改ざんされたものであった。データが切り貼りされたり，注釈が捨象されたりしていた。そのグラフが，全国の高校1年生に配布される副教材（2015年）に掲載されたのである。「改ざん」が研究活動における不正行為であることは言うまでもないが，この教材には妊娠や出産に関する専門家団体，つまりこれらに関する科学研究や医療行為を行う人々が関与していた。つまり，科学的ではない知識を科学者たちが，科学的知識の少ない高校生たちに科学を装って伝達するという構図になっている。いったい，どういうことなのか。

　この謎を西山千恵子・柘植あづみらが解き明かしている＊。彼女/彼らは，上述したグラフだけでなく，教材の記述にみられる不確かさや，副教材改訂のプロセスを辿り，「少子化社会対策」が「少子化対策」へと矮小化されていく様をあぶり出した。社会として解決すべき課題が，女性の生殖コントロールという個人的課題として端的に設定されれば，女性だけの問題とされることが懸念される。それが，本格的な進路選択に直面する段階で，しかも教材として示されれば，多様な生き方を制限する結果を招きかねない。

　特定の生き方を奨励するのではなく，さまざまな生き方や多様な選択肢があることを伝え，その中から進路を選択する力をつけさせることが重視されるはずの教育の場で起こった一連の「事件」は，教材の背後にあるマクロレベルの動向を読み解くことで理解が可能となる。

　問題あるグラフや記述の大半は平成28年度版の副教材では削除・修正されたが，この修正に影響したのは市民の科学リテラシーであった。グラフや専門知を鵜呑みにしない力も求められている。　　　　　　　　　　　　　［河野銀子］

＊西山千恵子・柘植あづみ（2017）『文科省/高校「妊活」教材の嘘』（論創社）

第4部

教員世界とジェンダー

11章 教員世界

キーワード

学校管理職　　ステレオタイプ　　2020年 30％の目標　　女性活躍推進法

はじめに

　教員の性別構成比は,「隠れたカリキュラム」(Jackson, P., 1968) としても機能することから, ジェンダー公正な社会を形成するために重要である。また, 一般に, 教員は女性が働き続けやすい職業と思われているが, 実際にはどうなのだろうか。本章では, 日本の教員の実態について統計を中心にとらえていくことで, 教員世界の現状と課題を考えたい。

1. 教員世界の実態

(1) 学校教育の場は男女平等か

　学校教育の場はさまざまな分野のなかでも男女平等が進んでいる——日本の多くの人々は, このように思っているようである。たとえば, 内閣府が18歳以上の日本国籍保有者を対象に実施した「男女共同参画社会に関する世論調査」（層化二段無作為抽出法, 回答数3,059人）によると, 66.4％の国民が, 学校教育の場は男女の地位が平等だと思うと回答している。この割合は,「政治の場」(18.9％) や「社会通念・慣習・しきたり」(21.8％) の3倍以上,「職場」(29.7％) の2倍以上であるだけでなく,「法律や制度」(40.8％),「家庭生活」(47.4％) などよりはるかに高い（内閣府大臣官房政府広報室「男女共同参画社会に関する世論

調査」2016年9月調査)。政治や慣習はともかく,法律や制度以上に平等な場だと思う国民が多いことから,男女平等が達成されていない日本においても,教育の場だけは別だとする意識が垣間みえる。

では,読者の方のなかに,中学生や高校生の時に自分の学校の校長先生が女性だったという人はどのくらいいるだろうか。おそらく,かなり少ないはずだ。日本の現状を踏まえると,中学校や高校の校長の大半は男性だからだ。つまり,多くの人々の身の回りに女性の学校管理職はほとんどいないにもかかわらず,教員世界は男女平等と考える人が多いということになる。実際はどうなのか,以下で詳しく見ていこう。

(2) 教員の性別構成比

まず,義務教育機関の教員数を見てみよう。

文部科学省が実施している「学校基本調査」(2016年12月公表)によれば,日本には,国公私立を合わせた初等中等教育段階の学校が37,000校近くあり,合計で約98万9千人の教員(本務者)がいる。教員数を男女別にみると,女性は49万4千人,男性は48万5千人であり,ほぼ同数となっている。この数値だけをみれば,確かに,学校教育は男女平等の場にみえる。

しかし,勤務先の校種や職位等の具体的レベルまで見ると,平等とは言い難い状況がある。小学校と特別支援学校では,女性教員数が男性教員数を上回っているが,中学校や高校では男性教員数の方が多い。女性教員は,高校入試や大学入試を想定した受験指導や部活動指導などの正規のカリキュラム以外の教育活動時間(教員にとっては労働時間)が長い教育機関には少なく,子どもたちに寄り添い個々のニーズを見極めながら心身をトータルに見守り支える教育機関に多くいることがわかる。

このように義務教育機関においては,学校段階が上がると女性教員の割合が下がるという垂直方向のジェンダー・セグリゲーション(性別分離)が見られる。就学前教育や高等教育段階までを含めると,その傾向がいっそう顕著になる。幼稚園の女性教員割合は9割を超える一方,大学の女性教員割合は24.2%(助

第4部　教員世界とジェンダー

表11-1　初等中等教育機関の状況（2016）

(人)

国公私立区分	学校数計	児童生徒数計	教員数 本務者 計	本務者 男	本務者 女	兼務者
小学校	20,313	6,483,515	416,973	157,334	259,639	38,299
中学校	10,404	3,406,029	251,978	143,659	108,319	42,254
義務教育学校	22	12,702	934	430	504	104
高等学校	4,925	3,309,342	234,611	160,316	74,295	73,271
中等教育学校	52	32,428	2,556	1,671	885	750
特別支援学校	1,125	139,821	82,372	31,987	50,385	5,244
計	36,841	13,383,837	989,424	495,397	494,027	159,922

注1）「教員」とは，校長，副校長，教頭，主幹教諭，指導教諭，教諭，助教諭，養護教諭，栄養教諭，講師を含む。
注2）「本務」「兼務」の別は辞令面による（再任用制度による採用者は，常時勤務の場合「本務」，短時間勤務に場合「兼務」）。
注3）学校が直接雇用しない，委託契約企業から派遣されている者等は「教員」に計上しない。(以上，「学校基本調査の手引」より)
出所）文部科学省「学校基本調査（平成28年度）」より筆者作成。

手を含む；「学校基本調査」2017年度速報版）と高校よりさらい低い。しかもこの傾向は，国立大学に顕著で，公立大学や私立大学の女性教員割合が28％台であるのに対し，国立大学のそれは16.6％でしかない。

　次に，女性教員と比較しながら校園長の女性割合を見ると，女性校園長の割合はどの学校段階でも女性教員の割合よりはるかに低い（図11-1）。小学校や特別支援学校のように教員の3分2近くが女性である校種においてすら，女性校長の割合は2割に満たない。中学校や高校，中等教育学校における女性校長の割合はさらに低く，数パーセントという状況である。つまり，どの校種においても，職位が上がると女性割合が下がる垂直方向のジェンダー・セグリゲーションがみられる。

11章　教員世界

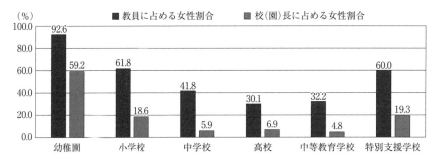

図11-1　初等中等教育機関における女性割合

出所）文部科学省「学校教員統計調査（平成25年度）」より筆者作成。

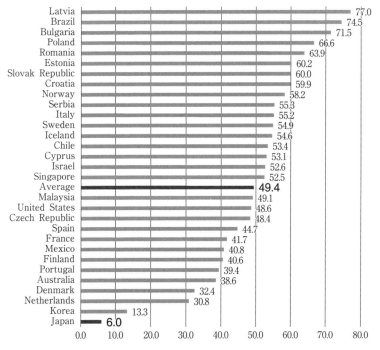

図11-2　中学校レベルの校長に占める女性割合

出所）Table 2.1.b. Gender and age distribution of lower and upper secondary teachers（OECD, TALIS 2013 Database.）より筆者作成。

第4部　教員世界とジェンダー

　実は，国際的に見ると女性校長の割合がこれほど低い国は珍しい。OECDが実施した「国際教員指導環境調査（TALIS），2013」の結果を見ると，日本の中学校に該当する中等教育前期の女性校長の調査国平均は49.4％であり，校長のほぼ半分は女性ということになる（図11-2）。ただし，女性校長割合が高い国のなかには，教員の待遇や労働環境が男性にとって魅力的ではない場合もあり，そのようななかで女性校長が多いことについては別途検討すべき課題である。

　ここまで見てきたように，教員の性別構成比には，学校段階が上がれば女性割合が下がるという垂直方向のジェンダー・セグリゲーションと，職位が上がれば女性割合が下がるという垂直方向のジェンダー・セグリゲーションの実態がある。あらためて初等中等教育全体を概観すれば，男性校長は26,763人いるのに，女性校長は4,990人と男性の5分の1以下しかいない。また，教員数に対する校長の比率は，男性では6％，女性では1％である。つまり，校長に出会った場合に女性である確率は約16％，女性教員に出会った場合に校長である確率は1％ということになる。こうした実態が，児童生徒はもとより，教員をめざしている学生や若手教員のキャリア意識にどのような影響を与えるのか，検討される必要があろう。

（3）担当教科等の性別構成比

　では，学校内で担当している教科等における性別構成比を見てみよう。これらの性別分離は，上述した垂直方向のジェンダー・セグリゲーションに対して，水平方向のジェンダー・セグリゲーションといわれる。

　まず，学級担任や教科を担当しない教員から見ていく。養護教諭や栄養教諭など全校生徒の心身の健康を預かる教員に占める女性割合は100パーセントに近い。学級担任や教科担当教員ではないが，児童生徒をトータルにケアする仕事は，ほぼ女性教員によって担われているのである。

　次いで，教科の担当状況についてみておきたい。小学校や特別支援学校と違って，中学・高校の教員はそれぞれの教科の免許状を取得する。つまり，担任・副担任として自らの学級の生徒にかかわりながら，他のクラスで自身の専

表11-2 教科外

	女 性	男 性	女性割合
養 護 教 諭	35,649	37	99.9％
栄 養 教 諭	4,601	111	97.6％
代 替 教 員	18,878	8,116	69.9％

出所）文部科学省「学校教員統計調査（平成25年度）」「学校調査：年齢別職名別本務教員数」（国公私立）（http://www.e-stat.go.jp/SG1/estat/List.do?bid=000001058719&cycode=0）より筆者作成。

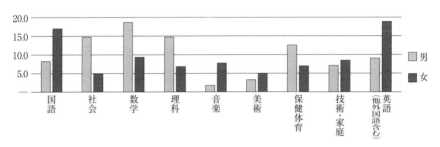

図11-3 教科（複数回答）

出所）文部科学省「学校教員統計調査」（2013）より筆者作成。

門教科の授業を担当している。ただ，実際には学校や地域の事情等でやむを得ず免許外の授業をもつこと等もあるため，その実態を的確にとらえることは難しい。また，学科制・課程制である高校では，その教科・科目が複雑なので，ここでは中学校の担当教科別免許状別教員構成のデータをみることにする。

図11-3を見ると，男女教員が均等に担当している教科はほとんどなく，教科担当にはジェンダーによる分離があることがわかる。女性教員の方が多いのは国語や語学系，家庭科や芸術系，男性教員の方が多いのは理数系や社会科学系の科目となっている。

ほぼ同じ傾向は，高校でも見られる（図は省略）。女性は国語科や英語科，家庭科を担当することが多く，全女性教員のうちこれらの教科を担当する教員は2分の1に相当する。一方，男性は数学科や体育科，地歴や理科を担当するこ

とが多く、やはりこれらの担当者は男性教員全体の2分の1程度いる。また、家庭科（高校）の男性教員は際立って少ない。このように、女性教員の半数は文系教科と家庭科の担当者、男性教員の半数は理系教科と体育科の担当者というジェンダー不均衡が見られる。

以上のように中学や高校の担当教科には性別分離が見られる。高校入試や大学入試の際の主要科目となっている教科の担当者は男性に多く、ここでも大学への距離が近い科目に男性が多い傾向がみられる。また、中学でも高校でも、いわゆる理系とみなされる教科には男性教員が多く、文系とみなされる教科には女性教員が多い傾向がある。

ここで見た担当教科の性別分離は、同一校種内の担当状況に見る性別分離であり、水平方向のジェンダー・セグリゲーションと言われる（後述）。この分離が生じる背景は、本書の各章で取り上げてきた学校教育におけるジェンダー問題とかかわらせれば理解することができるだろう。もちろん、学校教育だけでなく、文系・理系や家庭、スポーツ等に対して人々が抱いているジェンダー・ステレオタイプ的なイメージの影響も大きいと思われる。

2．教育政策とジェンダー政策

(1) ジェンダー・セグリゲーション（性別分離）

前節で、学校段階や職位、担当教科等を中心に教員世界の実態を見たが、いずれにおいてもジェンダー・セグリゲーションがみられた。教員世界は、一般に思われているほどには、男女が平等に働いているわけではないようだ。こうした日本の現状をどう受けとめればよいだろうか。現状に性別分離が見られるからといって、男女不均衡を自然なこととして受け入れるべきだろうか。

アメリカの政治学者エイミー・ガットマン（Gutmann, Amy）は、教員構成のジェンダー・セグリゲーションは、少女たちに「彼女たちが子どもを支配することは正常であるが、男性を支配することは異常である」と学ばせ、「少年たちにその正反対」を学ばせていることになると述べている。そして、このこと

が男女差についてのステレオタイプの無批判な受容を強化し，ステレオタイプ化から抜け出す生き方に関する熟慮の抑圧をもたらすとする（Gutmann 1987, 訳書 2004）。子どもたちが日中の多くの時間を過ごす学校で，日々，教員構成の男女不均衡を目の当たりにするならば，子どもたちはそれを自然なことと理解し，乗り越える課題として認識することがなくなるというわけである。

　ここでは，「隠れたカリキュラム」（4章，5章参照）という概念を用いてとらえ直してみよう。子ども期に，起きている間のかなり長時間を，社会に出るまでの長期間にわたって学校で過ごす現代社会において，教師が子どもに与える影響は極めて大きい。それは4章で見たような教師の言動や教師と子どもたちとの相互作用だけにとどまらず，教員が配属される学校種別や，学校内での担当学年や教科，また主任や管理職などの教師の役割も含まれる。つまり，教員構成比にジェンダー不均衡があるならば，それは隠れたカリキュラムとして機能することになり，子どもたちはそれらを自然なこととして受容し，ジェンダー不均衡が再生産されると考えられる。現在の子どもたちが，10年後，20年後，30年後の日本社会を担う主体であることを考えれば，今後の社会のジェンダー平等を推進するためにも教員世界のジェンダー・セグリゲーションは是正される必要がある。

　こうしたガットマンの指摘は子どもだけでなく，大人にもあてはまる。冒頭で述べたように，多くの日本人は教員世界を男女平等の場だと考えている。しかし，それは，実際に存在している男女不均衡に気づいていないことの結果かもしれない。女性管理職を見る機会の少ない日常生活においては，たとえ，女性校長が少なくても，それは自然なことと理解され，問題だと考えないのは大人も同じだろう。「気づき」がなければ問題とみなすこともなく，男女不均衡が再生産されてしまう。先ほど見たように国際的に見ると，女性校長の割合が日本より低い国はなかった。けれども，初等教育機関に比べて高等教育機関の女性教員が少なく，どの学校種別の校長も圧倒的に男性で占められているというような状況は，他国でも見られた現象である。ただ，多くの先進諸国では教員世界のジェンダー・セグリゲーションに気づき，それを改善する取組みがな

第4部　教員世界とジェンダー

されてきたのである。そして，日本においても，教員のジェンダー・セグリゲーションを問題とみなし，それを改善する政策的取り組みが始まりつつある。

(2) 教育分野のジェンダー政策

　ここでは，日本のジェンダー政策において教員世界のジェンダー・セグリゲーションの問題がどう位置づけられ，改善されようとしているのかを整理する。

　日本のジェンダー政策は，1999年に制定された「男女共同参画社会基本法」に基づいて進められている。「国民の責務」を規定した第10条において，「国民は，職域，学校，地域，家庭その他の社会のあらゆる分野において，基本理念にのっとり，男女共同参画社会の形成に寄与するように努めなければならない。」という記載がある。つまり，学校は男女共同参画の形成に寄与する努力義務がある。また，実際の施策は，同法に基づいて5年ごとに策定される「男女共同参画基本計画」（以下，基本計画と略記）によって進められる。

　2010年に策定された第3次基本計画においては，2003年に決定された「社会のあらゆる分野において，2020年までに指導的地位に占める女性の割合が少なくとも30％程度とする」という国の目標を踏まえ，各分野で指導的地位とする職種や職位などが示された。その際，教育分野では「初等中等教育機関（公立）の教頭以上」が指導的地位とされ，その女性割合を2020年までに30％にするという「成果目標」が掲げられた。「成果目標」とは，「それぞれの重点分野に掲げる具体的施策を総合的に実施することによって，政府全体で達成を目指す水準」（内閣府 2010）のことで，82項目で設定された。数値目標とその達成期限を設定して諸集団間の不均衡を是正する手法は「ゴール・アンド・タイムテーブル方式」といわれ，不均衡是正に有効なポジティブ・アクションの一形態とされている。日本の場合は，男女共同参画社会基本法の第2条2に「積極的改善措置」として明記されているが，ジェンダー不均衡を是正する穏便な手法として他の国々でも用いられている。

　第3次基本計画における教育分野の具体的記載をみておこう。教育分野は第11分野（「男女共同参画を推進し多様な選択を可能にする教育・学習の充実」）に示

され，文部科学省が都道府県教育委員会等に対して「2020年 30％」の目標達成に向けた具体的な目標を設定するよう働きかけるとされた。第2次基本計画までは児童生徒や保護者を対象とした施策であったが，第3次計画では教員が対象となったことから男女共同参画政策の施策対象が大転換し（河野 2016），「2020年 30％」の目標に向けて教育分野でも本格的取り組みが始まるとの期待が高まった。

ところが，2015年に策定された第4次基本計画において，教育分野の女性管理職の2020年の目標が「30％」から「20％以上」（内閣府 2015）へと下方修正された。「以上」が付されているとはいえ，第3次基本計画から数値目標が10％も下降し，「30％の目標」の期限が明記されなくなった。教員世界のジェンダー・セグリゲーションの是正への取り組みは後退したことになる。これについては，他の法律制定の影響も考慮せねばならないので，次でみておく。

(3) 女性活躍推進法

第4次基本計画が策定された2015年，「女性の職業生活における活躍の推進に関する法律」（女性活躍推進法）が制定された。それを受けて，基本計画には「同法の適用がある事業主については同法に基づく事業主行動計画の策定等の仕組みを活用する」という文言が入り，各都道府県教育委員会は「特定事業主行動計画（公務部門）」を策定する義務を負うこととなった。都道府県は，文科省から女性管理職の数値目標設定を「要請」されるだけだった状況から一転して，推進の主体となったのである。このことは，教員世界の男女平等を推し進める可能性がある。なぜならば，公立諸学校教員の採用や昇任に関する人事権をもつのは都道府県だからである。

図11-4に示したように，実際の管理職割合には都道府県による大きな差がみられ，管理職への女性登用に関しては都道府県の意思と実行力が反映されるといわれてきた（池木 2000ほか）。したがって，計画策定のための手順である「状況把握・課題分析」が都道府県に義務づけられたことで，女性管理職増加に対する実効性が高まると考えられる。

第4部　教員世界とジェンダー

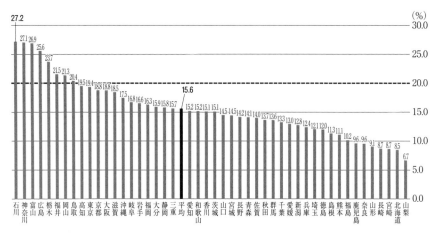

図11-4　初等中等教育機関における管理職に占める女性割合（都道府県別）

出所）文部科学省「学校基本調査」（2015）より筆者作成。

　それでは、都道府県がどのようにして女性活躍を進めることになっているか、簡単にみておこう。公務部門には、一般事業主と同じ4項目（下記①～④）に3項目を加えた7項目の状況把握・課題分析が課せられている。それらは、①採用した職員に占める女性割合、②継続勤務年数の男女の差異、③各月ごとの平均超過勤務（時間外手当が支給されない職員[1]を除く）、④管理的地位に占める女性割合、⑤各役職段階に占める女性割合、⑥男女別の育児休業取得率及び平均取得期間、⑦男性の配偶者出産休暇等の取得率・平均取得日数、であり、これらについて積極的な公表が求められている。女性管理職の割合は、④に該当するので、各都道府県で把握・分析が進められることになる。

　女性管理職の割合がこのように位置づけられたことは、ジェンダー・セグリゲーションの解消が期待できる半面、懸念もある。まず、行動計画策定において、「最も大きな課題と考えられるものを優先的に行動計画の対象とし数値目標の設定等を行う」とされている点である。教頭以上の女性管理職割合を「最も大きな課題」として位置づけていない都道府県では、数値目標は設定されないことになるだろう。次に、7項目のうちの①②⑥以外は「職員のまとまり」

170

ごとに状況を把握しなくてよい点である。そのため，都道府県のなかには，女性管理職を課長級以上の本庁職員や県立学校事務長等とまとめて把握したり，県費負担教職員（多くの小中学校教員が該当）については服務監督権者である市町村に任せたりすることによって，教頭以上の女性管理職の実態が見えにくい行動計画となっているところがある。少なくとも教員を他の職種と区別して，女性管理職の把握・分析がなされる必要があり，さらに具体的な改善策を講じるためには，学校種ごとの把握・分析が必要である。

3. ジェンダー平等な教員世界に向けて

　前節までに，教員世界には垂直方向にも水平方向にもジェンダー・セグリゲーションが存在していること，垂直方向のセグリゲーションのうち，女性管理職割合の少なさは政策課題となり，改善が求められていることを確認した。最後に，これらの問題を解決する手がかりを，先行研究によって検討してみよう。
　まず，垂直方向のジェンダー・セグリゲーションとして，政策課題にもなっている女性管理職の少なさの改善に関して取り上げる。女性教員を対象とする先行研究は，教員世界に内在するさまざまな慣例が女性教員のキャリア形成を阻んできたことを明らかにしてきた。中高年女性に対する退職勧奨や校内最年長女性が「上席」というインフォーマルな束ね役とされる慣行，夫妻で管理職に就くのを避ける慣習による女性の退職などである（河上 2014，明石・高野 1993）。つまり，女性管理職が少ないのは，女性教員が働き続けたり，学校管理職に向けてキャリアを形成したりする機会を奪われてきたという事情がある。また，管理職登用に有利になるとされる有形無形の要件が，結果的に女性を不利な立場に追いやり排除するという指摘もある（揚 2007，河野他 2013）。教員世界には，主任の他，宿泊行事をともなう学年の担任や部活動の指導経験など，管理職登用の条件として明文化されていないが重視される諸要件がある。それらは女性を差別する目的で要件化されているわけではないが，多くの家庭責任を担う女性が経験機会を得づらいため，結果として「システム内在的差別」（河

第4部　教員世界とジェンダー

上 1990) として機能し，教員キャリアの「男女別ジェンダートラック」(亀田 2012) を成立させるのである。したがって，教員世界の慣習やシステムに埋め込まれた不公正を是正することが肝要だ。

次に，水平方向のジェンダー・セグリゲーションの解消のためには，教員世界とともに，高校までの進路選択の是正が有効であろう。教員の担当教科にみられるジェンダー不均衡は，教員たちがどのような大学・学部を卒業したかに影響される。7章や8章でみたように，日本では，現在もなお，高校卒業後の大学進学率や専攻分野に男女間の差がある。このことは，中学や高校での担当教科等の偏りの一因と考えられる。高校卒業後の進路の男女差は，教員構成比のジェンダー・セグリゲーションを生み出す原因のひとつにもなっているのである。したがって，適切な進路選択・進路指導がなされるとともに，中学生や高校生が日々目の当たりにする各教科の教員の性別構成比の是正が望まれる。

教員は，他の職業に先駆けて産休や育児休業などの制度[2]が整備され，出産や育児で離職することなく働き続けることが法的に保障されている。それにもかかわらず，教員世界にはジェンダー・セグリゲーションが存在する。このことは制度改革だけでは教員世界のジェンダー不均衡を変えることが難しいことを示している。したがって，教員世界の日常に埋め込まれている慣習やシステム，高校での進路指導の現状など，身近なところから見直すことが求められる。

男女ともに働き続けやすい環境になれば，より良い教師が育ち，また，そのことが，子どもたちの教育や将来にとって有益であることは間違いない。これまでの日本社会が少しずつ変わってきたように，これからの社会も変わり得る。教師をめざす人々にも大きな期待がかかっている。

[河野銀子]

考えてみよう

① 気になる都道府県の教員の男女比や管理職に占める女性割合の現状，女性活躍推進法に基づく取組状況を調べ，その背景を考えてみよう。
② 女性活躍推進法に基づき，民間企業でも女性が働き続けやすい環境整備が行われている。それらを調べ，教員世界のジェンダー・セグリゲーションの解消に応

用できないか，考えてみよう。

【注】
1) 教員は「公立の義務教育諸学校等の教職員の給与等に関する特別措置法」により，時間外勤務・休日勤務手当の支給はなく，定率の教職調整給が支給される。
2) 1975年に公務員を対象とした「義務教育諸学校等の女子教育職員及び医療施設，社会福祉施設等の看護婦，保母等の育児休業に関する法律」（女子教育職員等育児休業法）が制定。

【引用・参考文献】
明石要一・高野良子（1993）「「上席」女教員のライフスタイルの研究」『千葉大学教育学部研究紀要』41，pp. 57-76
池木潔（2000）『男女共同参画社会と教育』北樹出版
OECD（2014）TALIS 2013 Results.
亀田温子（2012）「女性校長の語るキャリア形成─「教員になる」から「キャリアをつくる」へ」『NWEC実践研究』2，pp. 17-33
河上婦志子（1990）「システム内在的差別と女性教員」『女性学研究』1，pp. 82-97
河上婦志子（2014）『二十世紀の女性教師─周辺化圧力に抗して』御茶の水書房
河野銀子（2016）「教育分野における男女共同参画の状況─「2020年30％」に向けて」『国際ジェンダー学会誌』14，pp. 96-107
河野銀子編著（2017）『女性校長はなぜ増えないのか─管理職養成システム改革の課題』勁草書房
河野銀子・木村育恵ほか（2013）「ジェンダーの視点からみた学校管理職養成システムの課題」『国際ジェンダー学会誌』11，pp. 75-93
河野銀子・村松泰子編著（2011）『高校の「女性」校長が少ないのはなぜか』学文社
Gutmann, Amy (1987) *Democratic Education*, Princeton University Press.（=2004 神山正弘訳『民主教育論─民主主義社会における教育と政治』同時代社）
内閣府男女共同参画局（2010）「男女共同参画基本計画（第3次）」
内閣府男女共同参画局（2015）「第4次男女共同参画基本計画」
楊川（2007）「女性学校管理職のキャリア研究の再検討」『教育経営学研究紀要』10，pp. 85-94

12章　養護教諭

キーワード

養護教諭　　学校文化　　教師文化　　男性養護教諭

はじめに

　日本独自の職種である養護教諭は，これまで女性限定職のように思われ，学校文化・教師文化のなかで周辺部に追いやられてきた。それはあたかも男性中心の社会で女性のみが担っている職種が日陰へと追いやられている構図に似ており，表向き男女平等とされる教師の世界も実際にはそうではないことの象徴のひとつである。養護教諭にスポットライトをあてることは，いじめなど同質性を希求する日本の学校の問題点をも照射し，多様性を受け入れる学校作りをめざすきっかけともなる。また，ごく少数ではあるが男性養護教諭の存在は，ダイバーシティが尊重される学校のあり方にヒントを与えてくれるだろう。

１．養護教諭という存在

（1）学校基本調査から

　みなさんは「女性の比率が最も高い教師の種類は？」と聞かれたらどのような先生を連想するだろうか。「幼稚園」というように校種を連想した人もいるだろう。あるいは「家庭科」というように中学校や高校の教科を連想した人もいるかもしれない。

　校種であれば，学校基本調査（2023年度速報値）によると幼稚園が最も比率

表12-1　2022年度　校種別　養護教諭・養護助教諭の人数

	女　性	男　性	女性の比率(%)
幼　稚　園	380	1	99.74%
小　学　校	21,025	31	99.85%
中　学　校	10,313	10	99.90%
高　　　校	6,572	26	99.61%
特別支援学校	2,069	25	98.81%

出所）文部科学省「学校基本調査（2022年度）」より著者作成。

が高く93.4%が女性である。教科では学校教員統計調査（2021年度）によると家庭科が中学校で94.9%，高校で98.1%が女性である。それでは家庭科の先生が一番女性の比率が高い先生になるのだろうか。

　実はそうではない。学校基本調査（2022年度）によると全国における幼稚園・小学校・中学校・高校・特別支援学校の養護教諭の人数は表12-1の通りである。

　校種すべてを合わせると女性40,359人，男性93人で女性の比率は99.77%。養護教諭はほぼ100%，女性が担っているといっても過言ではない。

(2) 養護教諭の位置づけ

　教育職員免許法第二条では小学校以降の，「教育職員」すなわち教師を主幹教諭，指導教諭，教諭，助教諭，養護教諭，養護助教諭，栄養教諭及び講師と規定している。

　主幹教諭や指導教諭は21世紀に入ってから新たにつくられたもので，学校の中核を担ったり授業などの指導に長けている教諭や養護教諭，栄養教諭から選ばれる。また助教諭，養護助教諭，講師は各都道府県や政令指定市などの教員採用試験に合格してはいないが，学校で働く教師の職名である。

　したがって，日本の小学校以降の学校には大きくわけて，教諭，養護教諭，栄養教諭の３種類の教師がいることになる[1]。栄養教諭も21世紀になってから

養護教諭の制度を参考に新しくつくられたもので，食育や給食管理などを担当し，担任はもたない。ということで数十年以上にわたって日本では担任をもつ教諭と，担任をもたない養護教諭等という2種類の「先生」が学校に存在し続けてきたといえる。そして養護教諭は，男女平等と思われている学校教育の中で，あたかも女性限定職であるがごとく思われてきた職種なのである。

（3）養護教諭の誕生

ここで疑問に思う人も出てくるだろう。「担任をもたないのに先生？」と。最初の質問で養護教諭が想定に入っていなかった人もいたに違いない。

養護教諭は日本独自の職種である。諸外国においてはSchool nurseやスクールカウンセラーなどが担う職務内容を，日本では「先生」の一種が担っている。

日本においてもその起源は明治時代から一部の府県で公衆衛生上の理由で導入が始まった学校看護婦にあった。しかし，日本では外国と異なって学校内のことはすべて「先生」がこなすべきであるとする風潮があるように思われる[2]。まるで先生でなければ学校内で発言権がないかのようである[3]。この日本独自の学校文化・教師文化ゆえ，学校看護婦は養護訓導[4]という「先生」としての制度化をめざした[5]。

第二次世界大戦後，日本の教育の民主化を担当したGHQ配下の民間情報教育局（CI&E）はSchool nurseでよいとの方向性を示すが，日本側の教育刷新委員会は「先生」の一員に入ることの重要性を説いて反対し，ここに養護教諭が誕生した。したがって，養護教諭は担任をもたなくとも「先生」なのである[6]。

実際に養護教諭の免許取得にあたっては，看護学部に限定されているわけではなく教育学部などで取得可能である。養護教諭に倣って制度化された栄養教諭は管理栄養士国家試験受験資格や栄養士などの栄養に関しての基礎となる別の資格が必要だが，養護教諭の免許を取得するのに看護師免許は必須ではない。

ただし，養護教諭が制度化されてまもない頃は免許取得者が足りなかったため，保健婦（現・保健師）付帯二種免許という，学校に実習に行かずとも保健師の免許だけで教員免許を取得できる道が作られた。また同じく免許取得者増

加策として，教師は短大を含めた大学を卒業していることが免許取得の条件であるが，養護教諭に限って看護学校卒業でも1年間通うことで免許取得が可能になる特別別科というコースがいくつかの国立大学教育学部に設置された。21世紀になってもこの頃のイメージ，すなわち養護教諭を看護師免許とつなげる発想が学校教育関係者にすら残っている場合が見受けられる。これらの養成ルートが作られた頃は「看護師」ではなく「看護婦」であり，養護教諭は女性限定職のような形が憲法上男女平等を実現した戦後も続いていくこととなった。

なお教育職員免許法に基づく養成カリキュラムとしては，養護教諭については上記のような例外があるものの，教職科目，専門科目（養護教諭の場合は養護に関する科目）などを取得して教育実習（養護教諭の場合は養護実習）に行くことや，専修・一種・二種の区別など教諭と同等である。ただし養護に関する科目の中で看護臨床実習があり，看護学部だけでなく教育学部などでの免許取得の場合も病院へ実習に行くことが大きな違いではある。またそのため養護教諭は校種を限定しない職種として小学校・中学校など義務教育の学校で働くことにはなるが，介護等体験は免除となっている。

一方，教育職員免許法に基づく初任者研修は教諭に限定されていて養護教諭に義務はないが，実際には教諭と一緒に初任者研修を受けさせる都道府県・政令指定都市等の教育委員会も多い。

2. 学校の「お母さん」？

(1)「保健室のオバサン」

養護教諭のことを一般に表すときに散見される表現が「保健室のオバサン」である[7]。養護教諭の職務は決して保健室に限定されるものではない。確かに一般にはそのイメージが強いのであろうが，実際には養護教諭の職務内容は保健指導，健康相談活動，学校環境衛生，感染症予防など多岐にわたる。特に現在は安全・防災教育に積極的にかかわることも求められており，養護教諭は保健室にとどまっているのではなく，積極的に担任教師とチームティーチングな

どをしながら，児童生徒への教育に携わることが求められている。

一方でこの「保健室のオバサン」という表現を肯定的に受け入れて自ら用いる養護教諭も少なくない。これは養護教諭であることの特性を十分に活かすことができると考えるからである。

それは養護教諭がもつ曖昧性である。

「先生」なのに担任をもたない。なによりも「先生」なのに成績をつけない[8]。児童生徒からすれば，成績によって自分を評価するわけではない，何か別の軸でもって自分を見てくれる存在である。クラスの全員を一律の尺度で叱ったりする担任ではなく，個々に合わせた対応をしてくれる。これがいわば親（きょうだいを一律に扱い，学校の成績が悪ければ叱ってくる）でもなければ，かといって全くの赤の他人ではないということで「オバサン」（困ったときにだけ頼りにする）という表現が出てきたゆえんだろう。

そして時代の変化はそういった養護教諭をますます必要とするようになる。先にみたように養護教諭は，もともと公衆衛生の理由から出発した。ところが1970年代の校内暴力，1980年代のいじめ・不登校など教育問題が多発するようになり，さらには1990年代に入って子どもの心の問題に焦点が当たり始めると，養護教諭にはカウンセラー的機能が期待されるようになる。このことは保健室登校など，児童生徒にとって「居場所」を提供することにもつながる。教室において担任教師を中心に動いてきた学校において，周辺に位置していた養護教諭が学校の要のような存在になってくるのである。成績によって児童生徒たちを分断する担任ではなく[9]，受容してくれる養護教諭こそ鍵というわけだ。

そうしてくると「養護教諭は学校のお母さん」として紹介する研究者まで出てきた。しかし前節ですでにわかっているようにごくわずかではあるが養護教諭は女性に限定されているわけではない。「オバサン」「お母さん」と表現することは，排除しないことが評価されている養護教諭の中のマイノリティを排除することになりかねない。

(2) 男性養護教諭の配置

　人数としては非常に少ないとはいえ男性養護教諭の配置は徐々に広がってきている。これには養護教諭が行う健康相談活動が大きく影響している。とくに思春期の中学生や高校生の場合「女性の養護教諭には相談しにくい」男子生徒たちがいる。養護教諭は原則各学校に1名であるが，公立学校の場合，小学校では児童数851名以上，中学校では生徒数801名以上になると養護教諭の複数配置が可能になる。少子化の現状にあってこの条件を満たす小学校や中学校は決して多くはないが，男性養護教諭は人口の多い都道府県などでこの複数配置として赴任する例が多い。また高等学校においても各都道府県が独自の予算で複数配置をしている場合が多く，ここにも男性養護教諭の需要がある。複数配置が基本である特別支援学校も生徒を抱え上げたりなどの場面が多いことから「男性養護教諭が必要」との声がある。

　男性養護教諭が増えるためには，男性でも養護教諭の免許を取得できることがまず必要である。これについても大きく改善が進んだ。これまでは養護教諭の免許を取得できる教職課程は，国立大学教育学部以外では女子短期大学が多かった。これが21世紀に入って養護教諭の教職課程をおく共学の四年制大学が急増し，男性の免許取得の道が広がった。看護学校が次々と看護学部に改組されていった影響もある。短期大学で取得した比率が高い教員免許の種類として，かつては幼稚園教諭とともに養護教諭があげられることが多かったが，現在では急速に養護教諭免許取得者のうち短期大学卒の比率は下がりつつある。

　ただし「男子だから男性の養護教諭に相談する」「重いものを持つから男性が必要である」という論理は，既存のジェンダー構造における男性役割を求めているにすぎない[10]。第二次性徴にある児童生徒たちが同性の相談者を求めることへの配慮は必要だが，最終的な理想は「女性だから」「男性だから」ではなく，養護教諭に求められる資質能力にふさわしいかどうか，であろう。非常に数が少ないが故に男性養護教諭が複数配置のところにばかり配属されるのも無理はないし，セクシャルハラスメントなどへの対応もしっかり整えたうえでのことではあるが，女性・男性関係なく養護教諭の人事配置が行われる日がく

るように関係者は努力しなければならない。また，養護教諭をめざす女子学生が「女性に向いているから」といった理由で選んでいないかどうかも気をつける必要がある。

3．周辺部からの照射

（1） 多様性を受け入れる

　問題が多々あるとはいえ，「保健室のオバサン」という表現には，養護教諭が学校の中心ではなく周辺にいるからこそできることがあることを示している。成績という，学校化社会の一元的尺度でもって評価される世界にあって，養護教諭はそうではない世界があることを児童生徒に知らしめてもいる[11]。

　これは多様性を尊重する21世紀の社会に向けて一つのロールモデルを示すことになるともいえ，これからの教育とジェンダーについて考えていくうえでも重要である[12]。とくに日本の学校は同質性を求める傾向が強く，それが日本型のいじめの温床などとも言われてきた[13]。先生でありながら成績をつけるという「先生らしさ」をもたない養護教諭は，この同質性を打ち破る存在でもあり，多様な人々で構成されるこれからの社会に生きていく児童生徒を育てる学校でますます欠かせない存在となるだろう。

　一方で，養護教諭が学校組織の周辺部に位置してきたことは，女性限定職のように思われてきたこと，短期大学出身者が多いために一段低く見られがちだったことと関連していることも忘れてはならない。養護教諭が地位向上をめざし，かつては閉ざされていた校長など管理職への道が開かれるようになってきたこと等は，既存のジェンダー構造の打破につながる面がある。

（2） 他者を受け入れる

　また，男性養護教諭という女性が圧倒的多数のなかでのマイノリティの存在も，これからの学校教育に参考になると思われる。これまでさまざまな男性が担っている職に女性が参入していくことについての実践と研究は積み重ねられ

てきたが，その逆のパターンの一つとして注目に値する。そういった職種は看護師など他にも存在していたが，公務員であるため給与体系などが男女平等であるにもかかわらずほとんど女性が担ってきた例は少ないと思われる。同質性からはじき出された者を受け入れてきた養護教諭の世界に，男性養護教諭という「女性の領域」に入り込んできた異質な他者がどのように受け入れられ，広がっていくかは，性，発達，生活など多様な領域での多様性（ダイバーシティ）が尊重されるこれからの学校づくりにおいて注目すべき点ではないだろうか。

[池上　徹]

考えてみよう

① 女性がほぼ100%担ってきた養護教諭の未来を考えよう。
② 養護教諭以外に，学校で働くさまざまな職種の人たちのことを考えてみよう。
③ 学校において，同質性への志向ではなく，多様性を受け入れる方向にかわるには何が必要か，考えよう。

【注】

1）一般に学校で教える職業従事者を「教師」というが，教育職員免許法では「教諭」とよび，教育公務員の略としての「教員」という呼称もある。ここでは一般的な「教師」に極力統一しているが，「養護教師」という言い方は存在しないため，「養護教諭」と混在した形をとる。また関係性を優先させるときには「教師」ではなく「先生」を使用している。
2）たとえばスクールカウンセラー制度が導入されはしたものの，普及が進まなかった理由の一つとされる。藤井（1998）参照。
3）この状況は現在もあまり変わっていない。紅林（2007）は，いまの学校がスクールカウンセラーやボランティアなど「様々な人たちのサポートのもとで行われる教育に変わりつつ」あるにもかかわらず，「多くの学校はそれらの人々をあいかわらず教師の補助者（サポーター）と考えている」と指摘している。
4）「訓導」は現在でいう教諭に相当する。
5）近藤（2008）は，当時の文部省が行った1922年から1923年における東京での学校看護婦の勤務形態の実験から，「教員と同じく児童生徒の指導にあたる」タイプが「しっかりと学校現場に根付いて」「存続していく」ことになった，と指摘している。

6）学校を舞台としたマンガなどのフィクションで「保健医」という表現が頻繁にみられるが，現実にこのような職種は存在しない。「保健医」が生徒に薬を渡すシーンも見受けられるが，これもあり得ないことである。おそらくは養護教諭と学校医，学校薬剤師などを混同していると思われる。
7）鈴木（1999）や秋葉（2003）を参照。他にも，たとえば「いのちの授業」で知られた山田泉・元養護教諭は自らをよく「保健室のおばさん」と語っていた（日本経済新聞　2008年8月24日「命のある限り伝える『いのち』」）
8）1998年の教育職員免許法改正で，養護教諭は経験年数が3年以上ある場合に校長からの命があった場合，保健の教科の領域に係る事項を教えることができるようになった。これは養護教諭も教壇に立つという意味でさらに「先生」の一人であることを象徴づける改正であり，養護教諭をヘルスプロモーションティーチャーと考えて積極的に保健の教科を担当する養護教諭もあらわれた。特に性教育の分野などに対して期待が高い。一方で「成績にかかわらないからこその養護教諭」という意見も養護教諭の側には根強い。大谷（2007）を参照。
9）学校的価値の一元化については上野（2002）を参照。
10）村松泰子は「男女を分けて別のカテゴリーとみなすことがジェンダーを再生産する根幹にあるだけに，教師に根強い男女特性論は，教育の本質的な変革をむずかしくしているように思われる」と指摘している（直井・村松 2009）。
11）上野（2002）は「つねに現在を未来のための手段とし，すべてを偏差値一本で評価することを学習するのが学校」であり，「その学校的価値が学校空間から」「それ以外の社会にも浸透していった」のを「学校化社会」とよんでいる。
12）志水（2000）はHargreaves（1994）を引きながらこのような変化，すなわち「近代の終焉」について解説している。
13）たとえば内藤（2009）や土井（2008）を参照。

【引用・参考文献】

秋葉昌樹（2003）「保健室の温もりは母の愛？」天野正子・木村涼子編『ジェンダーで学ぶ教育』世界思想社，pp. 60-61

池上徹（2007）「養護教諭養成研究の辺境性と可能性」『関西福祉科学大学紀要』第10号，pp. 19-29

池上徹（2008）「養護教諭志望学生のジェンダー意識—私立大学における教職科目での調査から」『関西福祉科学大学紀要』第11号，pp. 205-216

上野千鶴子（2002）『サヨナラ，学校化社会』太郎次郎社

大谷尚子監修（2007）『養護ってなんだろう』ジャパンマシニスト

亀田温子（2000）「教師のジェンダー・フリー学習—ジェンダー・フリーな学校づく

りに向けて」亀田温子・舘かおる編著『学校をジェンダー・フリーに』明石書店，pp. 309-331

河上婦志子（2000）「女性教員『問題』論の構図」前掲書，pp. 265-285

川又俊則・市川恭平（2016）『男性養護教諭がいる学校』かもがわ出版

紅林伸幸（2007）「協働の同僚性としての《チーム》―学校臨床社会学から」『教育学研究』第74巻第2号，pp. 174-188

近藤真庸（2008）「教育職員としての養護教諭の誕生」教育科学研究会・藤田和也編『保健室と養護教諭　その存在と役割』国土社，pp. 181-189

志水宏吉（2000）「教育をめぐる環境変化」西林克彦・近藤邦夫・三浦香苗・村瀬嘉代子編『教師をめざす』新曜社，pp. 8-13

すぎむらなおみ（2014）『養護教諭の社会学―学校文化・ジェンダー・同化』名古屋大学出版会

鈴木邦治（1999）「学校組織の周縁や曖昧空間から視えてくること」油布佐和子編『教師の現在・教職の未来―あすの教師像を模索する（シリーズ子どもと教育の社会学5）』教育出版，pp. 158

津村直子・冨野由紀子・安西幸恵・川内あかり・横堀良男・山田玲子（2011）「男性養護教諭に対する意識調査―男性養護教諭勤務校の生徒の意識」『北海道教育大学紀要』第61巻第2号，pp. 145-155

土井隆義（2008）『友だち地獄―「空気を読む」世代のサバイバル』筑摩書房

内藤朝雄（2009）『いじめの構造―なぜ人が怪物になるのか』講談社

直井道子・村松泰子編（2009）『学校教育の中のジェンダー―子どもと教師の調査から』日本評論社

深谷和子編（2000）『モノグラフ小学生ナウ VOL20-3　心のケアワーカーとしての養護教諭―10年後の全国調査』ベネッセコーポレーション

藤井誠二（1998）『学校の先生には視えないこと』ジャパンマシニスト

簾博之・杉井潤子（2005）「男性家庭科教師の現状と教育効果―ジェンダーの視点から」『奈良教育大学紀要』第54巻，pp. 193-200

神戸新聞2014年1月24日「学校保健室に男性養護教諭　全国で採用進む」

毎日新聞2017年8月10日「保健室　男の先生　全国65人」

Hargreaves, A. (1994) *Changeing Teachers, Changing Times: Teacher's work and culture in the postmodern age*, Tonto, Unt: IISE Press.

THE DAILY YOMIURI 2011年3月9日 "Boys, Girls welcome male nurses to consult with over problems"

13章 教師文化

キーワード

教師文化　　ジェンダーに敏感な視点　　男女平等教育　　学級閉鎖性　　集団同一歩調

はじめに

　教育現場では，性別にかかわらず，すべての子どもたちに等しく男女平等に教育していることになっている。また，すでに学校は男女平等であるのだから，男女平等教育は目新しい問題ではなく，特別に取り立てて行うようなことではないという認識もある。はたして，本当にそうなのだろうか。一体，そこでいわれている「男女平等教育」とは何を指し，どのような考えのもとで，いかなる教育実践が行われているのだろうか。

　本章では，「ジェンダーと教育」の課題のひとつとして，とくに学校で教育実践を行う「教師」に焦点を当てて，教師たちが現在どのような状況に身をおいて，いかにジェンダーに関する教育実践にかかわっているのか，教師を取り巻く総体としての「教師文化」に着目しながら考えていくことにする。

1. 教師文化に着目する意義

　「肉体的差異に意味を与える知」（スコット訳書 1992）として，性別によって男女間に不平等な権力関係が内包されていることを定義づけた「ジェンダー」概念は，教育に潜む男女非対称な二分法や意味づけの問題を指摘してきた。教育の過程で一体何がどのように教えられ，学ばれているのか，ブラックボ␣

スとしての学校内部に着目する重要性が見出され，学校内部のジェンダーの「隠れたカリキュラム」についての研究が進展してきた。

　4章，5章でもふれたように，「隠れたカリキュラム」という概念によって，社会のどの分野よりも男女平等であると思われている学校教育が実はジェンダーをつくり出し再生産しているのではないか，という問題が指摘されるようになった。こうして，不必要な性別二分法や性別による役割期待の問題など，「当たり前」とされてきた学校の慣習や教師の言動にセクシズムや性役割を固定化するメッセージが潜むことや，子どもたちを統制する手段や戦略が結果として性役割の社会化を担ってしまうことなどが明らかになっていった（森 1989，宮崎 1991，男女平等教育をすすめる会 1997，木村 1999，亀田・舘 2000など）。

　ところで，学校においてジェンダー平等を展望した教育実践を行うのは教師であるが，教師たちは，現在どのような状況に身をおいてジェンダー平等をとらえているのだろうか。ここで，教師を取り巻くものの総体としての「教師文化」に着目してみることにする。

　教師文化は，制度的文化である「教育行政の文化」を基底に，さまざまな複合的な文化として表れる（佐藤 1994）。つまり，教師たちが置かれている社会的・制度的な位置に規定されつつ，日ごろの教師個々ないしは教師集団における子ども観や教職観，同僚や子どもとのかかわりや具体的な教育活動などと関連しながら形成される，教師たちの活動を律し，支え励まし，抑制もする規則体系である（久冨 1994）。この教師文化に着目する意義は，「教師の意識や行動を暗黙のうちに規定している有形無形の束縛を具体的に解明し，それらの束縛から脱する方途を探索する」（佐藤 1994）ことにある。ゆえに，ジェンダー平等を展望する教育実践をめぐってもまた，教師個人の努力といったものでは乗り越えられない状況をとらえるために，教師文化に着目することは重要である。

2．男女平等教育を取り巻く状況

　では実際に，東京都の公立小・中学校の計2校で2003年6月から2004年3月

第4部　教員世界とジェンダー

にかけて行った参与観察およびインタビュー結果（木村 2009a, 2014）の一部を眺めながら，ジェンダー平等を展望する教育実践が教師文化の特質によって困難な状況におかれる構造をともに確認してみよう。

　ここでは，男女平等教育を取り巻く教師文化の特質と構造をとらえるにあたり，「各学校の教師集団構成」「男女平等教育に対する管理職の認識」「学級運営における状況」の3点に注目していく。

(1) 各学校の教師集団構成

　まずは，各学校の教師集団の構成について，観察校の教師の数と男女別学級担任および職階状況をみていこう。観察小学校では，女性教師がその学校の教師全体の3分の2の人数を占めていた。しかし，学校運営のうえで重要な役割を担う立場を見ると，全体的な人数のうえで少数である男性教師がほぼその位置を占めていた。学年担任の配置をみると，低学年ほど女性の担任が多く，高学年ほど男性が担任になるという性別分業的な配置がみられた。

　中学校では，全体的な人数のうえでも男性教師の数が女性教師を上回り，学校内部の意思決定場面の権限に関する教師の配置は，校長・副校長，主幹がすべて男性教師で占められていた。

　このように，各学校の教師集団の基本構造には，担任や学年の配置だけでなく，学校運営組織構造にも性別役割パターンがみえてきた。こうした基本構造をもつ観察校は，男女平等教育というものをどうみているだろうか。

(2) 男女平等教育に対する管理職の認識

　観察校は，小・中学校ともに市区町村教育委員会レベルで男女平等教育の推進が謳われている地域の公立学校であった。ただし，どちらも学校をあげての特別な男女平等教育実践は行ってはおらず，近年では平均的な認識および取組みの程度の学校といってよい。こうした教育行政的な位置のもとで，観察校の管理職は男女平等教育をどのようにとらえているのか。

　小学校では，女性校長が「すでに学校は男女平等である」との立場から，学

校全体でジェンダーの視点を取り入れた実践や学びの機会などを積極的に設定することはないとの見解を示し,教師の教育実践については,「個人で大事だと思えばやる状況」だと述べていた。

中学校では,男性校長が「子どもたちを『個人』として見る視点が教員間で共通認識されて」おり「教職員全体が自己の男女平等意識レベルが極めて高い」との見解を示していた。学校で男女別の慣習をとらえ直そうとする実践については,「教育委員会からの通達に従った男女平等教育を行うが,行政側で男女平等の本音と建前があり大変混乱する」と述べていた。

このように,どちらの学校も「すでに学校は男女平等である」ので,男女平等教育は目新しい問題ではなく,特別に取り組むことでもないという共通認識が学校管理・運営の基盤にあることがうかがえる。

(3) 学級運営におけるジェンダー

こうした学校管理・運営の文化基盤において,両者に共通していたのは,男女平等教育が「男女が仲良く協力すること」をめざすものとして解釈されている点であった。ここには,固定的な性別役割を乗り越えるというよりも,むしろそれを意識的に利用する学級運営がみてとれる。たとえば,小学校第6学年の担任である男性教師の働きかけおよびインタビューの記録をみてみよう。

【リーダー選出場面における男性担任教師の働きかけ(小学校第6学年)】
「(ある男子児童に)おまえは本当にみんなのことを気遣ってクラスを良くしようとしてくれてるよな。よし,おまえは次期リーダーだな。スポーツも出来るし,サッカーも頑張ってる。Nさん(女子リーダー)は女子の方をしっかり頼むな。リーダーが男女仲良しのクラスにするためのみんなの架け橋になるんだから。Nさんは,女の子が大変な時は支えて,男子と一緒にクラスでうまくやっていけるように,リーダー同士でクラスをよろしく頼むな」　　　　　　　　　　　　　　　※( )内は筆者の補足。

【男女リーダーの役割を個別に位置づける理由についてのインタビュー】
「女子がうまく男子と溶け込むことが男女共生には必要だから,女子のリーダーには,女の子を支え,男子とうまく溶け込むように支える母親的な役割を期待しちゃうよね」

第4部　教員世界とジェンダー

　このように、子どもの主体的な学級統制に関連づけられた男女平等教育においては、性別役割期待に則った主体的集団統制が「男女の協力」のあり方として解釈されている面がある。「男女仲良く」のもとで教師が期待しているのは、男子リーダーには「みんな」を、女子リーダーには「女子」をまとめることである。つまりここでの「男女仲良く」とは、男子を学級の「基本」集団とみなして、そこに「周辺」集団の女子がいかに溶け込むかを意味しており、それを達成するためにジェンダーによる集団の統制が行われていることになる。

　こうした傾向は、中学校1年生のある学級の観察においてもみられた。その学級は同学年の他の学級と異なり、どの授業においても一定数の女子生徒が活発な自由発言や割り込み発言を頻繁に行っていたが、教師はその女子生徒たちにあまり主張や発言をしないように指導するのである。女子生徒の活発な言動をなぜ「矯正」しようとするのか。これについて、担任の女性教師は「あまり女子がクラスで目立つと仲間はずれにされやすくなり、学級がうまくまとまらないもの」との見解を示した。女子を静寂化させる働きかけは、「学級生活の安定」という学級運営課題の名のもとに正当化されているようである。

　改めて、〈男女平等教育〉とは、性別にかかわりなく個人の資質や能力が発揮できることをめざすようなジェンダー平等に向けた教育であるが、先にみた「男女の協力」や「女子の静寂化」はいかなる教育実践だろうか。これらは明らかに〈男女平等教育〉ではなく、むしろジェンダーを前提とした人間関係の維持にかかわる実践だったといえるだろう。

3．教師文化とジェンダーの課題

(1) 教師文化の特質

　では、学校教育に埋め込まれている性別による序列化やバイアスに敏感になり、絶えず意識化する「ジェンダーに敏感な視点」に立ち、性による秩序化や序列化を超えた平等への課題を展望する〈男女平等教育〉を実践しようとする場合に、教師を取り巻く状況にはどのような困難があるのだろうか。

13章　教師文化

　参与観察で特徴的だったのは，インタビューに応じたすべての教師が，互いの教育実践を「個人の裁量」とし，深く踏み込まずに距離を置く，いわば「口を出さない」特質が教師世界にはある，と言及していた点である。次の参与観察記録には，それが端的に現れている。

【総合的な学習の時間の車椅子体験（小学校第6学年）】
　（車椅子体験は二人組で行われ，観察学級は男女混合のペア，他の2学級は同性同士のペアとなっている（以下，女子をF，男子をM，教師をTと記す））
M1：（M3・F1ペアとすれ違いざまに，M3に対し）おまえ何で女子と組んでんの？　おまえらのクラスおかしいんじゃね？　女子とやるのキモイ。
M2：あ，マジだ。おまえのクラスだけ違うよな。女子と組んでるし。先生が決めたの？
M3：俺たちは，クラスで隣の人と車いす体験してんの。
M1, M2：俺たちは，普通に男女別で組んでるけどね。
F1：別にいいじゃん。うちのクラスはこうなの。
T：（M1, M2の学級担任）ほら，そこ，何やってんの。他のクラスのことは言わなくていいから，自分たちのことをやりなさい。他のクラスにちょっかい出さない!!

※（　）内は筆者の補足。

　この授業場面では多様な意見が飛び交っているが，ここには子どもたちがジェンダーをとらえ直す機会が期待できる部分も含まれている。たとえば，男女別のペアを「普通」だとする発言をきっかけにして，ジェンダーの「当たり前」をとらえ直す働きかけを行うことができたかもしれない。しかし，子どもに対してこの学級担任が行ったのは，他のクラスのことに触れないように「指導」することであった。そのため，暗黙のジェンダー・メッセージをとらえ直すことなく，その後の展開も望ぬまま授業は閉じていくのである。
　この「学級閉鎖性」が〈男女平等教育〉の根づきにくさの規定要因となる場

合に教師集団内に働く論理として，小学校男性教師は次のように語った。

「他の学級は，そのクラスの先生の考えがあるから（中略）何ともいえないよね。私は，男女が協力する環境を作りたいから子どもたちを混ぜるけど，（中略）自分がしてることを一緒にやりましょうとは言わないですね。先生方が（中略）真似してくれるならいいんだけど，こっちから何かを言うというのは，されたくないでしょう」

これに関しては，既存のジェンダーをとらえ直す〈男女平等教育〉に積極的に取り組む観察学校以外の小学校女性教師も，ほぼ同様の発言をしていた。

「他の学級に「私はジェンダー・フリー教育をやってるんだけど，どう？」なんて言えないですよ。（中略）「なぜそんなに子どもたちが穏やかで，学級崩壊がなくなったのか」と聞かれた時には，（中略）話すだろうけど」

このように，他学級の諸実践や諸事情に言及しない（しにくい）教師集団の閉鎖的特質は，他の教師が個人の実践による学級集団や子どもの「変化」を積極的に評価しない限り，既存のジェンダー秩序をとらえ直そうとする〈男女平等教育〉への共通理解を困難にするものとして働いている。

また，教師個人と集団の間には「調和」に関する暗黙の規則が流れており[1]，「「あなただけ男女平等教育をされては調和が乱れるから困る」と管理職に言われてしまう」という「集団同一歩調」への対処の問題を指摘する語りもある。学校における男女平等教育の優先順位が低いことについては，教師同士の共通認識の図りにくさに関連した次のような発言があった。

「学校の問題は確かに沢山あるけど，「個人を大切にした教育」ならば忙しいとか理由にならないよね。でも，そういう風には他の教師に受け入れられないことが根本にあるから何だかよく分からないし，後回しにしても問題ないと

思っているような気がする」(観察学校以外の小学校女性教師)

(2) 教師文化と子どもへのまなざし

　教師文化の特質とジェンダーの問題については，質問紙調査をもとにした知見（木村 2009b）もある。職場の「保守性・消極性」「男性優位性」といった2つの教師集団の文化に着目し，それらの程度によって，教師が女子や男子をどのようにとらえる傾向があるのかをみた結果，第一に，「職場の保守性・消極性」の程度が「中」以上[2]の学校では，小・中学校ともに，教師はどちらかというと女子よりも男子の方の考えや気持ちがわかりやすいと思う傾向があった。第二に，小・中学校ともに「職場の男性優位性」が「中」以上[3]の場合は，女子に対して「つい優しくしてしまう」教師の割合が高い傾向があった。第三に，職場が男性優位的である小学校では女子に，中学校では全般的に男子に仕事を頼む傾向があった。ここからみえることは何であろうか。

　教師が子どもに優しく接する行為自体は否定されるものではない。ただし，男性優位的な学校で女子に向けられる優しさには，自立への支援などとは異なる意味が与えられている可能性があるのではないだろうか。「仕事（手伝い）を頼む」ことも同様に，その意味づけが子どもの性別によって異なっている可能性がある。つまり，ここからみえてくるのは，教師を取り巻く職場の状況によって，女子や男子に対する教師のまなざしが異なってくるということである。

(3) 〈男女平等教育〉の困難と課題

　ジェンダーに敏感な視点に立った教育実践の困難さについて，教師を取り巻く総体としての「教師文化」に注目して問題を考えてきた。これまでの研究結果からみえてくるのは，既存のジェンダー観と教師の制度的位置，組織運営や教育方針に係る特質が絡む網の目のもと，ジェンダー秩序をとらえ直そうとする〈男女平等教育〉の実践・共有をめぐっては，「個人の裁量」による自己責任が教師にのしかかるような文化的磁場があるということである。

　つまり，他の学級の諸実践や事情に触れることを避ける学級閉鎖性や，集団

の調和を重視する集団同一歩調によって，既存のジェンダー秩序をとらえ直す〈男女平等教育〉は教師個人の実践の域を越えて行きにくい状況におかれる。そして，実践を広げていこうとする教師は，「集団の和を乱す」存在として集団の外におかれることになる。加えて，学校組織のあり方によって，教師が女子や男子にどのようなまなざしを向けるのか，その様相も異なっているのである。

(4) ジェンダー平等に関する教員研修の現状

ジェンダー平等に向けた教育実践が広がるためには，教師文化の集団同一歩調や閉鎖的，男性優位的な特質の変容が課題のひとつとなる。そこで，教師文化の基底をなす「教育行政」のありようとして，ジェンダー平等に関する「教員研修」の実施状況をみておこう。教師文化の基底的文化である以上，行政（制度）主導の教員研修のあり方は，ジェンダー平等に関する「知」を学校現場に定位できるかどうかに深く関わると推察されるためである。

以下では，初任者研修や10年経験者研修のように，すべての教員を対象とする「法定研修」でジェンダー平等に関する研修がどの程度扱われているのかをみていく。そして，これらが〈男女平等教育〉実践や教師文化の課題を乗り越えるものになっているのかどうかを考えたい。

1) 文部科学省のデータより

文部科学省「初任者研修実施状況調査」および「10年経験者研修実施状況調査」では，「教育課程」や「人権教育」など29～38項目の研修内容について，都道府県・指定都市・中核市教育委員会での実施状況を複数回答で尋ねている。このうち，ジェンダー平等に関わる「男女共同参画」研修の近年の実施状況をまとめたのが表13-1である。

結論をいえば，当該内容の研修は，実施件数が確認可能な2007年度から（表では省略）2011年度まで，一貫して実施状況が下位であった。2012年度から2017年度までは，「人権教育・男女共同参画」というように，別の研修項目であったものがひとまとめにされ，男女共同参画の単独の実施状況がわからない。ちなみに，「人権教育」の実施割合は常に高く，どの校種も初任者研修で8割以

13章　教師文化

表13-1　初任者研修及び10年経験者・中堅教諭等研修における「男女共同参画」研修の実施状況（複数回答）

年度	校種	全研修項目数（その他を含む）	初任者研修 校内研修での実施（％）	初任者研修 校外研修での実施（％）	全研修項目数（その他を含む）	10年経験者研修 校外研修での実施（％）	
平成23 (2011)年度「男女共同参画」	小学校	35	48/107教委 (44.9)	40/107教委 (37.4)	38	29/107教委 (27.1)	
	中学校		48/107教委 (44.9)	39/107教委 (36.4)		29/105教委 (27.6)	
	高等学校		30/62教委 (48.4)	24/62教委 (38.7)		15/61教委 (24.6)	
	特別支援学校		27/63教委 (42.9)	21/63教委 (33.3)		18/59教委 (30.5)	
	中等教育学校		2/3教委 (66.7)	1/3教委 (33.3)		3/10教委 (30.0)	
平成24 (2012)年度「人権教育・男女共同参画」	小学校	35	93/105県市 (88.6)	90/105県市 (85.7)	35	【必修】55/108教委 (50.9)	【選択】44/108教委 (40.7)
	中学校		92/105県市 (87.6)	90/105県市 (85.7)		55/107教委 (51.4)	44/107教委 (41.1)
	高等学校		54/64県市 (84.4)	60/64県市 (93.8)		42/64教委 (65.6)	29/64教委 (45.3)
	特別支援学校		48/63県市 (76.2)	54/63県市 (85.7)		40/62教委 (64.5)	30/62教委 (48.4)
	中等教育学校		―	―		6/10教委 (60.0)	4/10教委 (40.0)
平成25 (2013)年度「人権教育・男女共同参画」	小学校	35	101/109教委 (92.7)	92/107教委 (86.0)	35	【必修】56/108教委 (51.9)	【選択】42/95教委 (44.2)
	中学校		101/109教委 (92.7)	92/107教委 (86.0)		58/109教委 (53.2)	43/95教委 (45.3)
	高等学校		57/63教委 (90.5)	60/63教委 (95.2)		40/64教委 (62.5)	30/58教委 (51.7)
	特別支援学校		51/61教委 (83.6)	56/61教委 (91.8)		37/59教委 (62.7)	28/53教委 (52.8)
	中等教育学校		―	―		8/12教委 (66.7)	5/11教委 (45.5)
平成26 (2014)年度「人権教育・男女共同参画」	小学校	38	102/110教委 (92.7)	93/110教委 (84.5)	38	【必修】56/110教委 (50.9)	【選択】44/110教委 (40.0)
	中学校		102/109教委 (93.6)	91/109教委 (83.5)		56/110教委 (50.9)	44/110教委 (40.0)
	高等学校		55/68教委 (80.9)	60/68教委 (88.2)		41/68教委 (60.3)	25/68教委 (36.8)
	特別支援学校		59/67教委 (88.1)	58/67教委 (86.6)		37/60教委 (61.7)	28/60教委 (46.7)
	中等教育学校		―	―		5/7教委 (71.1)	3/7教委 (42.9)
平成27 (2015)年度「人権教育・男女共同参画」	小学校	38	106/112教委 (94.6)	97/112教委 (86.6)	38	【必修】57/112教委 (50.9)	【選択】45/112教委 (40.2)
	中学校		106/112教委 (94.6)	97/112教委 (86.6)		57/112教委 (50.9)	45/112教委 (40.2)
	高等学校		59/67教委 (88.1)	59/67教委 (88.1)		41/67教委 (61.2)	25/67教委 (37.3)
	特別支援学校		61/69教委 (88.4)	57/69教委 (82.6)		38/63教委 (60.3)	25/63教委 (39.7)
	中等教育学校		4/5教委 (80.0)	5/5教委 (100.0)		6/7教委 (85.7)	3/7教委 (42.9)
平成28 (2016)年度「人権教育・男女共同参画」	小学校	38	106/115教委 (92.2)	95/115教委 (82.6)			
	中学校		105/115教委 (91.3)	95/115教委 (82.6)			
	義務教育学校		8/8教委 (100.0)	6/8教委 (75.0)			
	高等学校		56/66教委 (84.8)	57/66教委 (86.4)			
	中等教育学校		7/8教委 (87.5)	8/8教委 (100.0)			
	特別支援学校		57/67教委 (85.1)	55/67教委 (82.1)			
						中堅教諭等資質向上研修実施状況	
平成29 (2017)年度「人権教育・男女共同参画」	小学校	49	107/115教委 (93.0)	98/115教委 (85.2)	49	【必修】55/115教委 (47.8)	【選択】16/115教委 (13.9)
	中学校		107/115教委 (93.0)	98/115教委 (85.2)		55/115教委 (47.8)	15/115教委 (13.0)
	高等学校		57/66教委 (86.4)	57/66教委 (86.4)		39/64教委 (60.9)	6/64教委 (9.4)
	特別支援学校		59/67教委 (88.1)	57/67教委 (85.1)		37/64教委 (57.8)	6/64教委 (9.4)
平成30 (2018)年度「男女共同参画」	小学校	51	68/121教委 (56.2)	63/121教委 (52.1)	52	【必修】24/118教委 (20.3)	【選択】14/118教委 (11.9)
	中学校		66/120教委 (55.0)	62/120教委 (51.7)		24/118教委 (20.3)	14/118教委 (11.9)
	高等学校		32/66教委 (48.5)	34/66教委 (51.5)		16/66教委 (24.2)	10/66教委 (15.2)
	特別支援学校		35/65教委 (53.8)	31/65教委 (47.7)		18/63教委 (28.6)	6/63教委 (9.5)
令和3 (2021)年度「男女共同参画」	小学校	54	55/128教委 (43.0)	43/128教委 (33.6)	53	【必修】19/128教委 (14.8)	【選択】27/128教委 (17.2)
	中学校		56/128教委 (43.8)	43/128教委 (33.6)		19/128教委 (14.8)	22/128教委 (17.2)
	高等学校		25/70教委 (35.7)	26/70教委 (37.1)		9/67教委 (13.4)	10/67教委 (14.9)
	特別支援学校		23/66教委 (34.8)	21/66教委 (31.8)		10/64教委 (15.6)	10/64教委 (15.6)

注）2012年度から2017年度は、それまで別項目であった「人権教育」と合わせて「人権教育・男女共同参画」として調査されている。また、10年経験者研修での各研修内容の実施状況が「必修受講」「選択受講」別に示されている。なお、2016年度の10年経験者研修及び2019～2020年度の各研修の実施状況は不明である。

出所）文部科学省「初任者研修実施状況調査」、「10年経験者研修実施状況調査」（2016年度まで）及び「中堅教諭等資質向上研修実施状況調査」（2017年度から）をもとに作表。

上，10年経験者研修で7割以上の実施率であった。それを踏まえると，2012年度以降の「人権教育・男女共同参画」においても，実施状況の内訳の多くは人権教育である可能性が高く，男女共同参画やジェンダー平等に関する単独の研修自体は多くないと思われる。

2）各県市教育センターの状況

　ジェンダー平等に関する研修の設定や実施の少なさは木村（2012，2014）でもみられ，調査協力を得た75県市の教育センターのうち，「男女平等教育」「男女共同参画」の単独の研修が設定されている割合は初任者研修・10年経験者研修ともに1割台であった（2010年度現在）。また，当該研修の扱いについて県市で差があり，男女共同参画を課題研修として必ず設定している県市や基礎的素養として初任者研修に位置づける県市がある一方で，「人権教育として軽く触れる程度」という回答もある。当該研修を推進する体系も十分でなく，推進体系が「ある」県市は31にとどまっていた。

　ジェンダー平等に関する研修が質的量的に十分でない状況について，教育センター側，すなわち行政側はどうとらえているのか。調査では「男女平等教育・男女共同参画」を十分に行う時間的余裕がないとの認識が散見された。また，「学校現場での実践例が少なく，具体的な理解が難しい」「学校現場とのかかわりにおける留意点等について具体的に話をしてもらうことが課題」というように，学校現場に即応する実践的研修になり得るかどうかが研修設定上の課題であると解釈していることがうかがえた。

　このように，ジェンダー平等に関する研修の設定・実施のしにくさの文脈には，日数・時数に余裕がないことを理由に優先順位が低くなる風潮や，実践的内容を重視する風潮が絡み合っている。こうして，ジェンダー平等に関する研修は，具体的・実践的な教育課題から離れた位置におかれ，優先順位を低く見積もられることが正当化されている。結果，これらの研修は，量的にも質的にも，ジェンダー平等教育の実践に困難をもたらす教師文化を変え得るものにはなっていないと考えられる。

おわりに

　以上，ジェンダーに敏感な視点に立った〈男女平等教育〉実践の困難について，教師文化の特質が教師の解釈実践とどのように絡み合うかに注目する必要があることをみてきた。ジェンダーに敏感な視点に立ち，社会公正を実現するための「知」を学校社会や教師文化に定位させるためには，このように，教師「個人」の努力や配慮では乗り越えられない学校現場の文化的特質や，教師がおかれる状況についても，さらなる研究が必要である。そのことによって，学校や性別にまつわる「日常」に隠れてみえにくかった，現代社会の特徴や教育の課題などが，さらに浮かび上がってくるだろう。　　　　　　　　　[木村　育恵]

考えてみよう

①ジェンダーに敏感な視点から学校をとらえ直す〈男女平等教育〉が学校や教師集団に広がっていくために，集団同一歩調や学級閉鎖性をどのように改善していけばよいだろうか，考えてみよう。

②皆さんが学校の教師だったら，ジェンダーに敏感な視点から，どのような教育実践をしてみたいか，考えてみよう。

【注】
1) 永井（1988）は，教師集団から低い評価を受ける教師の特徴が「学年の調和を考えないこと」にあり，教師の行動規範の根底には他者に同調を強いる様式があると指摘している。
2)「新しいことを始めにくい雰囲気がある」「周囲と違う意見を言いにくい雰囲気がある」などの項目で構成され，この度合いを「高」「中」「低」の3段階でみている。
3)「男性教員の方が女性教員より管理職から信頼されている」「男性教員の方が女性教員より保護者からの評判がよい」などの項目で構成され，この度合いを「高」「中」「低」の3段階でみている。

第4部　教員世界とジェンダー

【引用・参考文献】

天野正子（1988）「『性（ジェンダー）と教育』研究の現代的課題—かくされた『領域』の持続」『社会学評論』39（3），pp. 38-55
亀田温子・舘かおる編（2000）『学校をジェンダー・フリーに』明石書店
木村育恵（2009a）「男女平等教育実践をめぐる教師文化の構造」『教育社会学研究』84, pp. 227-246
木村育恵（2009b）「教師文化とジェンダー」直井道子・村松泰子編著『学校教育の中のジェンダー—子どもと教師の調査から』日本評論社，pp. 126-141
木村育恵（2012）「男女平等教育・男女共同参画をめぐる教員研修に関する現状分析」『北海道教育大学紀要（教育科学編）』63（1），pp. 25-31
木村育恵（2014）『学校社会の中のジェンダー—教師たちのエスノメソドロジー』東京学芸大学出版会
木村涼子（1999）『学校文化とジェンダー』勁草書房
久冨善之（1994）「教師と教師文化」稲垣忠彦・久冨善之編『日本の教師文化』東京大学出版会，pp. 3-20
佐藤学（1994）「教師文化の構造」稲垣忠彦・久冨善之編『日本の教師文化』東京大学出版会，pp. 21-41
スコット，J. W.（1988＝1992）荻野美穂訳『ジェンダーと歴史学』平凡社
男女平等教育をすすめる会（1997）『どうして，いつも男が先なの？　男女混合名簿の試み』新評論
永井聖二（1988）「教師専門職論再考—学校組織と教師文化の特性との関連から」『教育社会学研究』43, pp. 45-55
宮崎あゆみ（1991）「学校における『性役割の社会化』再考—教師による性別カテゴリー使用をてがかりとして」『教育社会学研究』48, pp. 105-123
森繁男（1989）「性役割の学習としつけ行為」柴野昌山編『しつけの社会学』世界思想社，pp. 155-171
文部科学省「10年目経験者研修実施状況調査」各年度
文部科学省「初任者研修実施状況調査」各年度

キーワード索引

あ
- アウディング‥‥3章
- ISCED‥‥8章
- 運動部‥‥6章
- LGBT‥‥3章
- 男らしさ・女らしさ‥‥5章

か
- 学部選択‥‥9章
- 隠れたカリキュラム‥‥4章
- 学級閉鎖性‥‥13章
- 学校管理職‥‥11章
- 学校文化‥‥12章
- 家庭科男女共修‥‥4章
- 教育課程‥‥4章
- 教科書分析‥‥5章
- 教材解釈‥‥5章
- 教師文化‥‥12章, 13章
- 高校野球マンガ‥‥7章
- 高大接続‥‥10章
- 高等教育‥‥8章

さ
- 「3分の2法則」‥‥4章
- ジェンダー構築‥‥1章
- ジェンダー・トラック‥‥8章
- ジェンダーに敏感な視点‥‥13章
- ジェンダーによる水路づけ‥‥9章
- 集団同一歩調‥‥13章
- 受験教科‥‥10章
- 受験行動‥‥10章
- 生涯スポーツ‥‥6章
- 女性活躍推進法‥‥11章
- 身体形成‥‥7章
- 進路選択‥‥8章
- ステレオタイプ‥‥2章, 11章

- スポーツ‥‥7章
- 性別役割分業‥‥2章

た
- 大学進学率‥‥8章
- ダイバーシティ‥‥3章
- 多様な性‥‥3章
- 男女平等教育‥‥13章
- 男性養護教諭‥‥12章

な
- 内容分析‥‥2章
- 2020年 30％の目標‥‥11章
- 二分法的なジェンダー‥‥11章

は
- PISA‥‥9章
- 部活動‥‥6章
- 文化部‥‥6章
- 文系・理系‥‥9章
- ヘゲモニックな男性‥‥1章
- ポジティブ・アクション‥‥10章
- ホモソーシャル‥‥7章

ま
- マネージャー‥‥6章
- メディア‥‥2章

や
- 養護教諭‥‥12章

ら
- 理科嫌い‥‥9章

わ
- ワーク・ライフ・バランス‥‥6章

［執筆者一覧］

（執筆順，●印は編者）

●河野　銀子（かわの　ぎんこ）〔はじめに，序章，4章，8章，9章，11章〕
九州大学男女共同参画推進室教授。専門は教育社会学，「ジェンダーと科学技術」研究。著書に『女性研究者支援政策の国際比較』（共編，明石書房，2021），『女性校長はなぜ増えないのか』（編著，勁草書房，2017），『高校の「女性」校長が少ないのはなぜか』（共編，学文社，2011），『教員評価の社会学』（分担執筆，岩波書店，2010），論文に「女子高校生の「文」「理」選択の実態と課題」（『科学技術社会論研究』第7号，2009）など。

●藤田由美子（ふじた　ゆみこ）〔序章，1章，2章，7章〕
福岡大学人文学部教授。専門は，教育社会学，子どもの社会学，「ジェンダーと教育」研究。著書に『子どものジェンダー構築―幼稚園・保育園のエスノグラフィ』（単著，ハーベスト社，2015），『ジェンダーで学ぶ社会学［全訂新版］』（分担執筆，世界思想社，2015），『教育社会学概論』（分担執筆，ミネルヴァ書房，2010），論文に「幼児期における『ジェンダー形成』再考―相互作用場面にみる権力関係の分析より」（『教育社会学研究』第74集，2004）など。

岩本　健良（いわもと　たけよし）〔3章〕
金沢大学人文学類准教授。専門は，教育社会学，ジェンダー学。著書に『教育とLGBTIをつなぐ―学校・大学の現場から考える』（分担執筆，青弓社，2017），『にじ色の本棚』（分担執筆，三一書房，2016），論文に「児童養護施設における性的マイノリティ（LGBT）児童の対応に関する調査」（共著，『季刊セクシュアリティ』第83号，2017）など。

木村　松子（きむら　まつこ）〔5章，10章〕
元山形大学学術研究院准教授。専門は，学校教育学。著書に『戦後日本の女性教員運動と「自立」教育の誕生―奥山えみ子に焦点をあてて』（学文社，2017），論文に「『性の自立』の認識過程に関する研究―1980年代のカリキュラム改善運動に焦点を当てて」（日本カリキュラム学会編『カリキュラム研究』第16号，2007）など。

池上　徹（いけがみ　とおる）〔6章，12章〕
関西福祉科学大学健康福祉学部教授。専門は，教育社会学，教員養成論。著書に『高校の「女性」校長が少ないのはなぜか』（分担執筆，学文社，2011），『教職基礎論』（共編，サンライズ出版，2007），論文に「大学院において養成される教員の専門性―1 教員養成系大学院修了生の調査を中心に」（『学校教育学研究論集』第2号，1999）など。

木村　育恵（きむら　いくえ）〔13章〕
北海道教育大学教育学部函館校教授。専門は，教育社会学，「ジェンダーと教育」研究。著書に『女性校長はなぜ増えないのか』（分担執筆，勁草書房，2017），『学校社会の中のジェンダー』（東京学芸大学出版会，2014），論文に「男女平等教育実践をめぐる教師文化の構造」（『教育社会学研究』第84集，2009）など。

新版 教育社会とジェンダー

2018年3月30日　第1版第1刷発行
2023年10月1日　第1版第5刷発行

編著者　河野　銀子
　　　　藤田由美子

発行者　田中　千津子

発行所　株式会社　学文社

〒153-0064　東京都目黒区下目黒3-6-1
電話　03（3715）1501（代）
FAX　03（3715）2012
https://www.gakubunsha.com

©Kawano Ginko, Fujita Yumiko 2018
乱丁・落丁の場合は本社でお取替えします。
定価はカバーに表示。

印刷／シナノ印刷株式会社
Printed in Japan

ISBN 978-4-7620-2777-2